Italiaanse Passie op je Bord

Authentieke Recepten uit La Bella Italia

Luca Rossi

SAMENVATTING

Creme brulee 9

Kopjes mascarpone en koffie 12

Kastanje "Berg" 14

Chocoladepudding 17

Rijstpudding met chocoladestukjes 19

Koffie-karamelvla 21

Chocoladeroomkaramel 24

Amaretti-karamelvla 27

Eenvoudige siroop voor granita 30

Granita van citroen 31

Bevroren watermeloen 33

Granita van mandarijnen 35

Granita van wijn en aardbei 37

Koffie slush 39

Granita van citrus en Campari 41

Witte Perzik Granita en Prosecco 43

Chocoladesorbet 45

Granita van citroen en prosecco 47

Roze proseccogranita 49

Ijsje" 51

Citroen-ijs 53

Ricotta-ijs 54

mascarpone-ijs 56

Kaneel-ijs 58

Espresso-ijs 60

Walnoot- en karamelijs 62

Honingijs met nougat 65

Amaretti-ijs 68

"Affogato"-ijs 70

Balsamico-azijn-ijs 71

Bevroren truffels 72

Amandelcrème kopjes 75

oranje schuim 78

Amandel semifreddo 80

Florentijnse bevroren koepelcake 83

Mascarponesaus Met Honing 86

Verse verse salsa 87

Warme rode fruitsaus 88

Frambozensaus het hele jaar door 89

warme chocoladesaus 91

katten tong 92

Griesmeelkoekjes 95

Vin Santo-ringen 98

Marsala-koekjes 100

Sesam-wijnkoekjes 103

Sesam koekjes 105

anijs taarten 108

Gebakken uien 111

Uien in balsamicoazijn 113

Rode uienjam 115

Salade van geroosterde rode biet en uien 117

Lente-uitjes met honing en sinaasappel 119

Erwten Met Ui 121

Erwten met ham en groene ui 122

Zoete erwten met sla en munt 124

Paaserwtensalade 126

Geroosterde pepers 128

Geroosterde Paprikasalade 130

Geroosterde Paprika Met Ui En Kruiden 131

Gebakken Paprika Met Tomaat 133

Paprika's in Balsamico Azijn 135

Ingemaakte paprika's 137

Paprika's Met Amandelen 139

Paprika's Met Tomaat En Ui 141

Gevulde paprika's 143

Napolitaanse Gevulde Paprika's 145

Gevulde Paprika's Ada Boni Stijl 148

Gebakken paprika's 150

Gebakken Paprika Met Courgettes En Munt 152

Terrine van geroosterde paprika en aubergines 154

zoetzure aardappelen 157

Aardappelen Met Balsamico Azijn 159

Tonijnspiesje met Sinaasappel 161

Gegrilde tonijn en paprika in Molisana-stijl 163

Gegrilde Tonijn Met Citroen En Oregano 165

Krokant gegrilde tonijnsteaks 167

Gestoofde tonijn met rucolapesto 169

Tonijnstoofpot en cannellinibonen 171

Siciliaanse zwaardvis met uien 173

Venetiaanse aardappelen 175

Gefrituurde aardappelen" 177

Gebakken Aardappelen En Paprika's 179

Aardappelpuree Met Peterselie En Knoflook 181

Nieuwe aardappelen met kruiden en spek 183

Aardappelen Met Tomaat En Ui 185

Geroosterde Aardappelen Met Knoflook En Rozemarijn 187

Geroosterde Aardappelen Met Champignons 189

Aardappelen en bloemkool op Basilicata-stijl 191

Aardappelen en kool in een pan 193

Aardappel- en Spinazietaart 195

Napolitaanse aardappelkroketten 198

Papa's Napolitaanse aardappelcake 201

Geroerbakte tomaten 204

gestoomde kerstomaatjes 206

geroosterde tomaten 207

Tomaten Gevuld Met Spelt 209

Gevulde Tomaten Romeinse Stijl 211

Geroosterde Tomaten Met Balsamico Azijn 213

Carpaccio van courgette 215

Creme brulee

Verbrande room

Maakt 4 porties

Bij restaurant Il Matriciano in Rome wordt de crème brûlée in grote pannen gekookt. De vlabasis is dik en rijk aan eierdooiers en room, en de karameltopping is hard, transparant en knapperig als snoep. Dit is mijn interpretatie van zijn versie.

2 kopjes crème

3 eetlepels suiker

4 grote eidooiers

1 theelepel puur vanille-extract

Toevoeging

1/2 kopje suiker

3 eetlepels water

1. Plaats een rooster in het midden van de oven. Verwarm de oven voor op 300 ° F. Zet een ondiepe bakvorm met 4 kopjes en een koelrek klaar.

2. Meng de room en de suiker in een middelgrote pan. Breng op middelhoog vuur aan de kook, roer om de suiker op te lossen.

3. Klop in een grote kom de eidooiers en de vanille los. Terwijl je blijft kloppen, giet je de hete room erbij. Giet het mengsel in de pan.

4. Plaats de pan in een grotere ovenschaal. Plaats de pan in de oven. Giet het hete water voorzichtig in de grotere pan tot het een diepte van 2,5 cm langs de zijkant van de ovenschaal bereikt. Bak gedurende 45-50 minuten, tot het stevig is, maar nog steeds enigszins zacht in het midden. Breng de pan over naar het rek om 30 minuten af te koelen. Dek af en bewaar in de koelkast.

5. Meng tot 12 uur voor het serveren de suiker en het water in een kleine, zware pan. Kook op middelhoog vuur, af en toe roerend, tot de suiker volledig is opgelost, ongeveer 3 minuten. Wanneer het mengsel begint te koken, stop dan met roeren en kook tot de siroop langs de randen bruin begint te worden. Draai vervolgens de pan zachtjes boven het vuur tot de siroop een uniforme goudbruine kleur heeft, nog ongeveer 2 minuten.

6. Dep met keukenpapier het oppervlak van het koude roommengsel in de pan. Giet voorzichtig de hete siroop erover. Zet de schaal 10 minuten in de koelkast tot de karamel stevig is.

7. Om te serveren, breek de karamel met de rand van een lepel. Giet de room en karamel op serveerschalen.

Kopjes mascarpone en koffie

Kopje mascarpone met koffie

Maakt 6 porties

Hoewel mascarpone typisch in Lombardije wordt gemaakt, wordt hij vaak gebruikt in Venetiaanse desserts. Hiermee worden koffie en smaken gemengd tot mascarpone en room, met gehakte chocolade om het textuur te geven. Het lijkt op tiramisu, ook uit Veneto, maar bevat geen koekjes.

Je hebt geen luxe apparatuur nodig om espresso te maken voor dit dessert of een van de andere die in dit boek worden beschreven. U kunt een gewoon filterkoffiezetapparaat of zelfs een instant-espresso gebruiken.

⅓ kopje hete, sterke espresso

1/4 kopje suiker

¼ kopje cognac of rum

4 ons (1/2 kop) mascarpone, op kamertemperatuur

1 kopje slagroom of slagroom

¹1/2 kop gehakte halfzoete chocolade (ongeveer 2 ons)

1. Plaats minstens 20 minuten voordat u het dessert gaat bereiden een middelgrote kom en de kloppers van een elektrische mixer in de koelkast. Combineer de espresso en de suiker. Roer tot de suiker oplost. Voeg de cognac toe. Laat afkoelen tot kamertemperatuur.

2. Klop in een grote kom de mascarpone en de koffie tot een gladde massa. Haal de kom en kloppers uit de koelkast. Giet de room in de kom en klop de room op hoge snelheid tot hij zachtjes zijn vorm behoudt als je de kloppers optilt, ongeveer 4 minuten.

3. Spatel de room voorzichtig met een flexibele spatel door het mascarponemengsel. Bewaar 2 eetlepels chocolade voor decoratie en voeg de rest van de chocolade toe aan de mascarpone.

4. Giet het mengsel in zes glazen. Bestrooi met de achtergehouden chocolade. Dek af en laat 1 uur tot een nacht afkoelen.

Kastanje "Berg"

Mont Blanc

Maakt 6 porties

Deze berg kastanjepuree, slagroom en chocoladestukjes is vernoemd naar de Mont Blanc, een van de Alpen die Frankrijk en Italië scheidt in de regio Valle d'Aosta.

Verse kastanjes zonder dop worden gekookt, vervolgens gepeld en op smaak gebracht met rum en chocolade om dit feestelijke dessert te maken. U kunt de kook- en schilfase vermijden door vacuümverpakte gekookte kastanjes, geheel of in stukjes, verkocht in potten of blikjes. Je kunt het grootste deel van het recept enkele uren voor het serveren bereiden.

1 pond verse kastanjes, of vervang 1 pond ongezoete, sous vide gekookte kastanjes

1 theelepel zout

2 kopjes volle melk

1/2 kopje suiker

3 ons bitterzoete chocolade, gesmolten

2 eetlepels donkere of lichte rum of cognac

1 kopje slagroom of slagroom

1/2 theelepel puur vanille-extract

Geraspte bittere chocolade, om te versieren

1. Als u verse kastanjes gebruikt, legt u de noten met de platte kant naar beneden op een snijplank. Maak met een scherp mes een snee in de schaal, zonder helemaal tot aan de kastanje door te snijden. Doe de kastanjes in een pan met koud water tot ze twee centimeter onder water staan en het zout. Breng aan de kook en kook tot ze gaar zijn als je er met een mes in prikt, ongeveer 15 minuten. Laat iets afkoelen in het water. Haal de kastanjes een voor een uit het water en pel ze terwijl ze nog heet zijn. Verwijder zowel de buitenste schil als de binnenste schil.

2. Doe de geschilde kastanjes, of de vacuümverpakte kastanjes, in een middelgrote pan. Voeg de melk en de suiker toe en breng aan de kook. Dek af en kook, af en toe roerend, tot de kastanjes zacht zijn maar hun vorm behouden, ongeveer 10 minuten voor vacuümverpakte kastanjes of 20 minuten voor vers gepelde kastanjes.

3. Doe de kastanjes en het kookvocht samen met de rum in de blender. Verwerk tot een gladde massa, ongeveer 3 minuten. Voeg de gesmolten chocolade toe. Laat afkoelen tot kamertemperatuur.

4. Giet het mengsel in een voedselmolen voorzien van een mes met grote gaten of in een aardappelstamper. Houd de molen boven een serveerschaal en voer het kastanjemengsel door het mes, waardoor een kegel- of "berg"-vorm ontstaat. (Kan maximaal 3 uur van tevoren worden gemaakt. Dek af met plasticfolie en bewaar op een koele kamertemperatuur.)

5. Plaats minstens 20 minuten voor het serveren een grote kom en de kloppers van een elektrische mixer in de koelkast. Haal de kom en kloppers uit de koelkast. Giet de room in de kom en klop de room op hoge snelheid tot hij zachtjes zijn vorm behoudt als je de kloppers optilt, ongeveer 4 minuten.

6. Giet de room over de kastanjeberg en laat hem als sneeuw zachtjes van bovenaf vallen. Versier met geraspte chocolade.

Chocoladepudding

Chocolade Crème

Maakt 8 porties

Cacao, chocolade en room maken dit dessert rijk, romig en smakelijk. Serveer in kleine porties met slagroom en geraspte chocolade.

2/3 kopje suiker

1 1/4 kopje maizena

3 eetlepels ongezoet cacaopoeder

1 1/4 theelepel zout

2 kopjes volle melk

1 kopje crème

4 ons bitterzoete of halfzoete chocolade, gehakt, plus meer voor decoratie (optioneel)

1. Zeef in een grote kom 1/3 kopje suiker, maizena, cacao en zout. Voeg 1/4 kopje melk toe tot het glad en goed gemengd is.

2. Meng in een grote pan de resterende 1/3 kop suiker, 13/4 kop melk en de room. Kook op middelhoog vuur, vaak roerend, tot de suiker oplost en het mengsel ongeveer 3 minuten kookt.

3. Klop met een garde het cacaomengsel door het hete melkmengsel. Kook al roerend tot het mengsel kookt. Zet het vuur laag en kook tot het dik en glad is, nog 1 minuut.

4. Giet de inhoud van de pan in een grote kom. Voeg de chocolade toe en roer tot het gesmolten en glad is. Dek het goed af met een stuk huishoudfolie en zorg ervoor dat het huishoudfolie goed op het oppervlak van de pudding aansluit om te voorkomen dat er een vel ontstaat. Zet in de koelkast tot het koud is, 3 uur tot een nacht.

5. Om te serveren, schep de pudding in dessertkommen. Versier naar wens met een beetje gehakte chocolade en serveer.

Rijstpudding met chocoladestukjes

Chocolade rijstpudding

Maakt 6 porties

Deze romige rijstpudding heb ik gegeten in Bologna, waar rijstcakes en -puddingen erg populair zijn. Pas toen ik het probeerde, ontdekte ik dat wat op rozijnen leek, eigenlijk stukjes bitterzoete chocolade waren. Slagroom maakt deze rijke pudding, gemaakt met middelkorrelige Italiaanse rijst, lichter. Serveer alleen of metFrambozensaus het hele jaar doorOFwarme chocoladesaus.

6 kopjes volle melk

³1/4 kopje middelkorrelige rijst, zoals Arborio, Carnaroli of Vialone Nano

¹1/2 theelepel zout

³1/4 kopje suiker

2 eetlepels donkere rum of cognac

1 theelepel puur vanille-extract

1 kopje slagroom of slagroom

3 ons bitterzoete chocolade, gehakt

1. Meng melk, rijst en zout in een grote pan. Breng de melk aan de kook en kook, onder regelmatig roeren, tot de rijst heel zacht is en de melk is opgenomen, ongeveer 35 minuten.

2. Doe de gekookte rijst in een grote kom. Voeg de suiker toe en laat afkoelen tot kamertemperatuur. Voeg de rum en vanille toe.

3. Plaats minimaal 20 minuten voordat u het dessert gaat bereiden een grote kom en de gardeopzetstukken van een elektrische mixer in de koelkast.

4. Eenmaal afgekoeld, haal je de kom en garde uit de koelkast. Giet de room in de kom en klop de room op hoge snelheid tot hij zachtjes zijn vorm behoudt als je de kloppers optilt, ongeveer 4 minuten.

5. Spatel met een flexibele spatel de slagroom en de gehakte chocolade door het rijstmengsel. Serveer onmiddellijk of dek af en zet in de koelkast.

Koffie-karamelvla

Koffie Brood

Maakt 6 porties

Dit eeuwenoude Toscaanse recept heeft de consistentie van karamelcrème, maar bevat geen melk of room. De custard is rijk, donker en dik, maar niet zo zwaar als wanneer hij met room is gemaakt. De Italiaanse naam laat zien dat het ooit in broodvorm als brood werd gebakken, ruit in het Italiaans.

2 kopjes hete, sterke espresso

1½ kopje suiker

2 eetlepels water

5 grote eieren

1 eetlepel rum of cognac

1. Plaats een rooster in het midden van de oven. Verwarm de oven voor op 350 ° F. Bereid 6 hittebestendige custardbekers.

2.Klop de espresso in een grote kom met ¾ kopje suiker tot de suiker is opgelost. Laat staan tot de koffie op kamertemperatuur is, ongeveer 30 minuten.

3.Meng in een kleine, zware pan de resterende ¾ kopje suiker en het water. Kook op middelhoog vuur, af en toe roerend, tot de suiker volledig is opgelost, ongeveer 3 minuten. Wanneer het mengsel begint te koken, stop dan met roeren en kook tot de siroop langs de randen bruin begint te worden. Draai vervolgens de pan zachtjes boven het vuur tot de siroop een uniforme goudbruine kleur heeft, nog ongeveer 2 minuten. Bescherm uw hand met een ovenwant en giet onmiddellijk de hete karamel in de custardvormpjes.

4.Klop de eieren in een grote kom tot een gladde massa. Voeg koude koffie en rum toe. Giet het mengsel door een fijne zeef in een kom en voeg het toe aan de custardbekers.

5.Plaats de kopjes in een grote ovenschaal. Plaats de pan in het midden van de oven en giet het hete water in de pan tot een diepte van 2,5 cm. Bak gedurende 30 minuten of tot een mes dat 1/2 inch van het midden van de custard is ingestoken er schoon uitkomt. Breng de kopjes over van de pan naar het rek om af te koelen. Dek af en zet minstens 3 uur of een hele nacht in de koelkast.

6. Om te serveren schuift u een klein mes in elk custardbekertje. Investeer in het serveren van gerechten en serveer onmiddellijk.

Chocoladeroomkaramel

Crème Karamel met Chocolade

Maakt 6 porties

Crème caramel is een zijdezachte gebakken custard. Ik hou van deze versie, met chocoladesmaak, die ik in Rome heb gegeten.

Snoep

³1/4 kopje suiker

2 eetlepels water

Room

2 kopjes volle melk

4 ons bitterzoete of halfzoete chocolade, gehakt

³1/4 kopje suiker

4 grote eieren

2 grote eierdooiers

1. Plaats een rooster in het midden van de oven. Verwarm de oven voor op 350 ° F. Bereid 6 hittebestendige custardbekers.

2. Maak de karamel: combineer de suiker en het water in een kleine, zware pan. Kook op middelhoog vuur, af en toe roerend, tot de suiker volledig is opgelost, ongeveer 3 minuten. Wanneer het mengsel begint te koken, stop dan met roeren en kook tot de siroop langs de randen bruin begint te worden. Draai vervolgens de pan zachtjes boven het vuur tot de siroop een uniforme goudbruine kleur heeft, nog ongeveer 2 minuten. Bescherm uw hand met een ovenwant en giet onmiddellijk de hete karamel in de custardvormpjes.

3. Bereid de room: Verwarm de melk in een pan op laag vuur tot er kleine belletjes rond de randen ontstaan. Haal van het vuur. Voeg de chocolade en de resterende ¾ kopje suiker toe en laat staan totdat de chocolade smelt. Meng tot gecombineerd.

4. Klop de eieren en eierdooiers in een grote kom tot een gladde massa. Voeg de chocolademelk toe. Giet het mengsel door een fijne zeef in een kom en voeg het toe aan de custardbekers.

5. Plaats de kopjes in een grote ovenschaal. Plaats in het midden van de oven. Giet het hete water voorzichtig in de pan tot een diepte van 2,5 cm. Bak 20 tot 25 minuten of tot een mes dat 1/2 inch van het midden van de custard is gestoken er schoon uitkomt. Breng de kopjes over van de pan naar het rek om af te

koelen. Dek af en zet minstens 3 uur of een hele nacht in de koelkast.

6.Om te serveren schuift u een klein mes in elk custardbekertje. Investeer in het serveren van gerechten en serveer onmiddellijk.

Amaretti-karamelvla

Bonet

Maakt 8 porties

Custards zijn meestal glad, maar deze Piemontese versie is aangenaam korrelig omdat hij is gemaakt met gemalen amarettikoekjes. Het wordt vaak in een kom gekookt en de naam komt van een dialectwoord dat de kroon van een hoed aangeeft. Het liefst bak ik het in een gelaagde cakevorm (niet in een springvorm), omdat het dan makkelijker te snijden en te serveren is.

Snoep

2/3 kopje suiker

1 1/4 kopje water

Vla

3 kopjes volle melk

4 grote eieren

1 kopje suiker

1 kopje ongezoet cacaopoeder verwerkt in Nederland

¾ kopje fijngehakte geïmporteerde Italiaanse amaretti (ongeveer 12)

2 eetlepels donkere rum

1 theelepel puur vanille-extract

1. Maak de karamel: combineer de suiker en het water in een kleine, zware pan. Kook op middelhoog vuur, af en toe roerend, tot de suiker volledig is opgelost, ongeveer 3 minuten. Wanneer het mengsel begint te koken, stop dan met roeren en kook tot de siroop langs de randen bruin begint te worden. Draai vervolgens de pan zachtjes boven het vuur tot de siroop een uniforme goudbruine kleur heeft, nog ongeveer 2 minuten. Bescherm uw hand met een ovenwant en giet de karamel onmiddellijk in een taartvorm van 20 of 23 cm. Kantel de pan zodat de bodem en enkele zijkanten bedekt zijn met karamel.

2. Plaats een rooster in het midden van de oven. Verwarm de oven voor op 180 ° C. Plaats een bakplaat die groot genoeg is voor de taartvorm in het midden van de oven.

3. Maak de vla: Verhit de melk in een grote, zware pan op laag vuur tot er kleine belletjes rond de rand ontstaan.

4. Klop ondertussen in een grote kom de eieren met de suiker tot een glad mengsel ontstaat. Voeg de cacao, verkruimelde koekjes, rum en vanille toe. Voeg geleidelijk de hete melk toe.

5. Giet het custardmengsel door een fijne zeef in de voorbereide pan. Plaats de pan in het midden van de ovenschaal. Giet het zeer hete water voorzichtig in de ovenschaal tot een diepte van 2,5 cm.

6. Bak gedurende 1 uur en 10 minuten, of totdat de bovenkant stevig is, maar het midden nog een beetje wiebelig is. (Bescherm uw hand met een ovenwant en draai de pan voorzichtig rond.) Houd een koelrek klaar. Breng de pan over naar het rek om 15 minuten af te koelen. Dek af en zet 3 uur tot een nacht in de koelkast.

7. Om het uit de vorm te halen, haalt u een klein mes langs de binnenrand van de pan. Keer de custard om op een serveerschaal. Snijd het in plakjes en serveer onmiddellijk.

Eenvoudige siroop voor granita

Maakt 1½ kopjes

Als je op welk moment dan ook granitas wilt maken, verdubbel of verdrievoudig dan dit recept en bewaar het maximaal twee weken in een afgesloten pot in de koelkast.

1 kopje koud water

1 kopje suiker

1. Meng het water en de suiker in een kleine pan. Breng op middelhoog vuur aan de kook en kook, af en toe roerend, tot de suiker is opgelost, ongeveer 3 minuten.

2. Laat de siroop iets afkoelen. Giet het in een bakje, dek het af en bewaar het in de koelkast tot gebruik.

Granita van citroen

Granita van citroen

Maakt 6 porties

De ultieme zomerse verfrissing: serveer zoals het is met een schijfje citroen en een takje munt of voeg het toe aan zomerse cocktails. Citroengranita is ook een goede affogato, wat 'verdronken' betekent, met een vleugje grappa of limoncello, Capri's heerlijke citroenlikeur.

1 kopje water

2/3 kopje suiker

2 ½ kopjes ijsblokjes

1 theelepel citroenschil

1 1/2 kop vers geperst citroensap

1. Meng het water en de suiker in een kleine pan. Breng op middelhoog vuur aan de kook en kook, af en toe roerend, tot de suiker is opgelost, ongeveer 3 minuten. Laat iets afkoelen. Doe de ijsblokjes in een grote kom en giet de siroop over de ijsblokjes. Roer totdat het ijs smelt. Zet in de koelkast tot het koud is, ongeveer 1 uur.

2. Koel een metalen pan van 13 x 9 x 2 inch in de vriezer. Meng in een middelgrote kom de suikersiroop, de citroenschil en het citroensap. Haal de pan uit de vriezer en giet het mengsel erin. Bevries gedurende 30 minuten of totdat zich een rand van 1 inch ijskristallen rond de randen vormt.

3. Roer de ijskristallen door het midden van het mengsel. Zet de pan terug in de vriezer en blijf invriezen, roer elke 30 minuten, totdat alle vloeistof bevroren is, ongeveer 2 tot 2 1/2 uur. Serveer onmiddellijk of schraap het mengsel in een plastic bakje, dek het af en bewaar het maximaal 24 uur in de vriezer.

4. Haal het uit de vriezer om ongeveer 15 minuten zacht te worden voordat u het serveert, indien nodig.

Bevroren watermeloen

Watermeloen Granita

Maakt 6 porties

De smaak van deze granita is zo geconcentreerd en de frisheid zo verfrissend dat hij misschien wel lekkerder is dan verse watermeloen. Het is een favoriet op Sicilië, waar de zomers extreem heet kunnen zijn.

1 kopje water

1/2 kopje suiker

4 kopjes watermeloenstukjes, zaden verwijderd

2 eetlepels vers citroensap of naar smaak

1. Meng het water met de suiker in een pan. Breng op middelhoog vuur aan de kook en kook, af en toe roerend, tot de suiker is opgelost, ongeveer 3 minuten. Laat iets afkoelen en zet het vervolgens in de koelkast tot het koud is, ongeveer 1 uur.

2. Koel een metalen pan van 13 x 9 x 2 inch in de vriezer. Doe de stukjes watermeloen in een blender of keukenmachine en mix tot een gladde massa. Giet het door een fijne zeef in een kom om

eventuele zaadjes te verwijderen. Je zou ongeveer 2 kopjes sap moeten hebben.

3. Klop in een grote kom het sap en de siroop door elkaar. Voeg naar smaak citroensap toe.

4. Haal de pan uit de vriezer en giet het mengsel erin. Bevries gedurende 30 minuten of totdat zich een rand van 1 inch ijskristallen rond de randen vormt. Roer de ijskristallen door het midden van het mengsel. Zet de pan terug in de vriezer en blijf invriezen, roer elke 30 minuten, totdat alle vloeistof bevroren is, ongeveer 2 tot 2 1/2 uur. Serveer onmiddellijk of schraap het mengsel in een plastic bakje, dek het af en bewaar het maximaal 24 uur in de vriezer.

5. Haal het uit de vriezer om ongeveer 15 minuten zacht te worden voordat u het serveert, indien nodig.

Granita van mandarijnen

Mandarijn graniet

Maakt 4 porties

Zuid-Italië is rijk aan allerlei soorten citrusvruchten. Deze granita heb ik gegeten in Taranto in Puglia. Zo kunt u mandarijnen-, tangelo-, clementine- of mandarijnensappen bereiden.

Laat je niet verleiden om meer drank aan dit mengsel toe te voegen, anders kan de alcohol ervoor zorgen dat het niet bevriest.

1 koud kopjesimpele siroop

1 kopje vers mandarijnensap (van ongeveer 4 middelgrote mandarijnen)

1 theelepel vers geraspte mandarijnenschil

2 eetlepels mandarijn- of sinaasappellikeur

1. Bereid indien nodig eenvoudige siroop en laat afkoelen. Plaats vervolgens een metalen pan van 13 x 9 x 2 inch in de vriezer.

2. Klop in een grote kom het sap, de schil, de siroop en de likeur tot alles goed gemengd is. Haal de koude pan uit de vriezer en giet de vloeistof in de pan.

3. Plaats de pan gedurende 30 minuten in de vriezer of totdat zich een rand van 1 inch ijskristallen rond de randen vormt. Roer de ijskristallen door het midden van het mengsel. Zet de pan terug in de vriezer en blijf invriezen, roer elke 30 minuten, totdat alle vloeistof bevroren is, ongeveer 2 tot 2 1/2 uur. Serveer onmiddellijk of schraap het mengsel in een plastic bakje, dek het af en bewaar het maximaal 24 uur in de vriezer.

4. Haal het uit de vriezer om ongeveer 15 minuten zacht te worden voordat u het serveert, indien nodig.

Granita van wijn en aardbei

Aardbeiengranita met wijn

Voor 6 tot 8 porties

Lekker met verse, rijpe aardbeien, maar gewone aardbeien smaken ook heerlijk in deze granita.

2 liter aardbeien, gespoeld en geschild

1 1/2 kopje suiker of naar smaak

1 glas droge witte wijn

2 of 3 eetlepels vers citroensap

1. Plaats een pan van 13x9x2 inch in de vriezer om af te koelen. Snijd de aardbeien doormidden of, als ze groot zijn, in vieren. Meng de aardbeien, suiker en wijn in een grote pan. Breng aan de kook en kook 5 minuten, af en toe roerend, tot de suiker is opgelost. Haal van het vuur en laat afkoelen. Zet in de koelkast tot het koud is, minimaal 1 uur.

2. Giet het mengsel in een keukenmachine of blender. Mixen tot een gladde substantie. Voeg naar smaak citroensap toe.

3. Haal de koude pan uit de vriezer en giet het mengsel in de pan. Plaats de pan gedurende 30 minuten in de vriezer of totdat zich een rand van 1 inch ijskristallen rond de randen vormt. Roer de ijskristallen door het midden van het mengsel. Zet de pan terug in de vriezer en blijf invriezen, roer elke 30 minuten, totdat alle vloeistof bevroren is, ongeveer 2 tot 2 1/2 uur. Serveer onmiddellijk of schraap het mengsel in een plastic bakje, dek het af en bewaar het maximaal 24 uur in de vriezer.

4. Haal het uit de vriezer om ongeveer 15 minuten zacht te worden voordat u het serveert, indien nodig.

Koffie slush

Koffie slush

Maakt 8 porties

Caffè Tazza d'Oro nabij het Pantheon in Rome produceert enkele van de beste koffie van de stad. In de zomer kiezen toeristen en lokale bewoners voor koffiegranita, espresso-ijs, geserveerd met of zonder een klodder verse room. Makkelijk te bereiden en verfrissend na een zomerse maaltijd.

4 kopjes water

5 volle theelepels instant espressopoeder

2 tot 4 eetlepels suiker

Slagroom (optioneel)

1. Plaats een pan van 13x9x2 inch in de vriezer om af te koelen. Breng het water aan de kook. Haal van het vuur. Voeg het instant-espressopoeder en de suiker naar smaak toe. Laat iets afkoelen en dek af. Zet in de koelkast tot het koud is, ongeveer 1 uur.

2.Haal de koude pan uit de vriezer en giet de koffie in de pan. Bevries totdat er een rand van 1 inch ijskristallen rond de randen ontstaat. Roer de ijskristallen door het midden van het mengsel. Zet de pan terug in de vriezer en blijf invriezen, roer elke 30 minuten, totdat alle vloeistof bevroren is, ongeveer 2 tot 2 1/2 uur.

3.Serveer onmiddellijk, eventueel aangevuld met room, of schraap het mengsel in een plastic bakje, dek af en bewaar het maximaal 24 uur in de vriezer.

4.Haal het uit de vriezer om ongeveer 15 minuten zacht te worden voordat u het serveert, indien nodig.

Granita van citrus en Campari

Citrus en Campari Granita

Maakt 6 porties

Campari, een felrood aperitief, wordt meestal vóór de maaltijd met ijs gedronken of gemengd met frisdrank. Voor deze granita wordt het gecombineerd met citrussap. De Campari heeft een aangenaam bittere toon die zeer verfrissend is en de granita is prachtig roze van kleur.

1 kopje water

1/2 kopje suiker

2 kopjes vers geperst grapefruitsap

1 kopje vers geperst sinaasappelsap

1 theelepel sinaasappelschil

3/4 kopje Campari

1. Plaats een pan van 13 x 9 x 2 inch in de vriezer en laat deze minimaal 15 minuten afkoelen. Combineer water en suiker in een kleine pan. Breng op middelhoog vuur aan de kook en kook,

af en toe roerend, tot de suiker is opgelost. Goed mengen. Haal van het vuur en laat afkoelen. Koel de siroop.

2. Meng de koude siroop, de sappen, Campari en de sinaasappelschil.

3. Haal de koude pan uit de vriezer en giet het mengsel in de pan. Plaats de pan gedurende 30 minuten in de vriezer of totdat zich een rand van 1 inch ijskristallen rond de randen vormt. Roer de ijskristallen door het midden van het mengsel. Zet de pan terug in de vriezer en blijf invriezen, roer elke 30 minuten, totdat alle vloeistof bevroren is, ongeveer 2 tot 2 1/2 uur. Serveer onmiddellijk of schraap het mengsel in een plastic bakje, dek het af en bewaar het maximaal 24 uur in de vriezer.

4. Haal het uit de vriezer om ongeveer 15 minuten zacht te worden voordat u het serveert, indien nodig.

Witte Perzik Granita en Prosecco

Perzik en Prosecco Granita

Maakt 6 porties

Deze granita is geïnspireerd op de Bellini, een heerlijke cocktail beroemd gemaakt door Harry's Bar in Venetië. Een Bellini wordt gemaakt met sap van witte perzik en prosecco, een mousserende witte wijn uit de regio Veneto.

Superfijne suiker mengt gemakkelijker dan kristalsuiker, maar als je het niet kunt vinden, gebruik er dan wat van.simpele siroopshow.

5 middelrijpe witte perziken, geschild en in stukjes gesneden

1/2 kop superfijne suiker

2 eetlepels vers citroensap of naar smaak

1 glas prosecco of andere droge mousserende witte wijn

1. Plaats een pan van 13 x 9 x 2 inch in de vriezer en laat deze minimaal 15 minuten afkoelen. Meng de perziken, kristalsuiker en citroensap in een blender of keukenmachine. Meng of mix tot de suiker volledig is opgelost. Voeg de wijn toe.

2. Haal de koude pan uit de vriezer en giet het mengsel in de pan. Plaats de pan gedurende 30 minuten in de vriezer of totdat zich een rand van 1 inch ijskristallen rond de randen vormt. Roer de ijskristallen door het midden van het mengsel. Zet de pan terug in de vriezer en blijf invriezen, roer elke 30 minuten, totdat alle vloeistof bevroren is, ongeveer 2 tot 2 1/2 uur. Serveer onmiddellijk of schraap het mengsel in een plastic bakje, dek het af en bewaar het maximaal 24 uur in de vriezer.

3. Haal het uit de vriezer om ongeveer 15 minuten zacht te worden voordat u het serveert, indien nodig.

Chocoladesorbet

Chocoladesorbet

Maakt 6 porties

Een sorbet is een bevroren dessert met zachte textuur dat melk of eiwit bevat om romigheid te creëren. Dit is mijn versie van de sorbet die ik at bij Caffè Florian, een historisch café en theesalon aan het Piazza San Marco in Venetië.

1/2 kopje suiker

3 ons bitterzoete chocolade, verkruimeld

1 kopje water

1 kopje volle melk

1. Meng alle ingrediënten in een kleine pan. Breng op middelhoog vuur aan de kook. Kook, onder voortdurend roeren met een garde, tot het mengsel glad en glad is, ongeveer 5 minuten.

2. Giet het mengsel in een middelgrote kom. Dek af en zet in de koelkast tot het koud is.

3. Volg de instructies van de fabrikant op uw ijsvriezer of vries het in ondiepe vormen in tot het stevig maar niet hard is, ongeveer 2 uur. Schraap het mengsel in de kom van de keukenmachine en klop tot een gladde massa. Verpak in een plastic container, dek af en bewaar in de vriezer. Serveer binnen 24 uur.

Granita van citroen en prosecco

Sgroppino

Maakt 4 porties

Venetianen sluiten de maaltijd graag af met een sgroppino, een verfijnde en romige granita van citroensorbet geschud met prosecco, een droge mousserende witte wijn. Het moet op het laatste moment gemaakt worden en is een leuk dessert om aan tafel te maken. Ik serveer het graag in martiniglazen. Gebruik een in de winkel gekochte citroensorbet van goede kwaliteit. Het is niet traditioneel, maar oranje zou ook leuk zijn.

1 kopje citroensorbet

1 kopje zeer koude prosecco of andere droge mousserende wijn

takjes munt

1. Plaats enkele uren voor het serveren van het dessert 4 grote glazen of semifreddoglazen in de koelkast.

2. Haal de sorbet vlak voor het serveren uit de vriezer. Laat het op kamertemperatuur staan tot het zacht genoeg is om te verwijderen, ongeveer 10 minuten. Giet de sorbet in een middelgrote kom. Meng tot het licht en glad is.

3. Voeg beetje bij beetje de prosecco toe en meng kort met de garde tot een gladde en homogene crème ontstaat. Giet de granita snel in gekoelde wijnglazen of martiniglazen. Garneer met munt. Serveer onmiddellijk.

Roze proseccogranita

Aardbei Sgroppino

Maakt 6 porties

Als verse aardbeien van uw markt niet rijp en geurig zijn, probeer dan bevroren aardbeien te gebruiken voor dit eenvoudige dessert.

1 kopje gesneden aardbeien

1 of 2 eetlepels suiker

1 kopje citroensorbet

1 glas prosecco of andere droge mousserende wijn

Kleine verse aardbeien of schijfjes citroen, om te versieren

1. Plaats enkele uren voor het serveren van het dessert 6 grote glazen of semifreddoglazen in de koelkast.

2. Doe de aardbeien en 1 eetlepel suiker in een keukenmachine of blender. Blend de bessen tot je een puree verkrijgt. Geniet van de zoetheid. Voeg indien nodig meer suiker toe.

3. Haal de sorbet vlak voor het serveren uit de vriezer. Laat het op kamertemperatuur staan tot het zacht genoeg is om te

verwijderen, ongeveer 10 minuten. Giet de sorbet in een middelgrote kom. Meng tot het licht en glad is. Voeg de aardbeienpuree toe. Voeg snel de wijn toe en mix tot je een romig en homogeen mengsel verkrijgt. Giet in gekoelde glazen. Versier met aardbeien of schijfjes citroen en serveer onmiddellijk.

Ijsje"

Roomijs

Voor 6 tot 8 porties

Een vleugje citroensmaak in dit lichte en fris smakende ijs. Ik vind het heerlijk om het te maken als de lokale aardbeien in het seizoen zijn en ze ernaast te serveren.

3 kopjes volle melk

4 eierdooiers

2/3 kopje suiker

1 theelepel puur vanille-extract

1 theelepel citroenschil

1. Verwarm de melk in een middelgrote pan op middelhoog vuur tot er kleine belletjes rond de rand van de pan ontstaan. Kook de melk niet. Haal van het vuur.

2. Klop in een hittebestendige kom de eierdooiers en de suiker tot ze dik en goed gemengd zijn. Voeg de hete melk toe, eerst

langzaam, en roer voortdurend totdat alle melk is gemengd. Voeg de citroenschil toe.

3. Giet het mengsel terug in de pan. Zet de pan op middelhoog vuur. Kook, onder voortdurend roeren met een houten lepel, tot er stoom uit de pan begint te stijgen en de room iets dikker wordt, ongeveer 5 minuten.

4. Giet de room door een zeef in een kom. Voeg vanille toe. Laat iets afkoelen, dek af en zet in de koelkast tot het volledig gekoeld is, ongeveer 1 uur.

5. Bevries in de ijsmachine volgens de instructies van de fabrikant. Verpak het ijs in een plastic bakje, dek het af en vries het maximaal 24 uur in.

Citroen-ijs

Citroen-ijs

Voor 3 tot 4 porties

Je hebt twee of drie grote citroenen nodig om genoeg sap en pit te krijgen voor dit eenvoudige en heerlijke ijsje.

1 1/2 kop vers geperst citroensap

1 eetlepel vers geraspte citroenschil

1 kopje suiker

1 halve pint en een half

1. Meng het citroensap, de schil en de suiker in een middelgrote kom en meng goed. Laat 30 minuten rusten.

2. Voeg half om half toe en meng goed. Giet het mengsel in de ijsmachinecontainer en volg de instructies van de fabrikant voor het invriezen.

3. Verpak het ijs in een plastic bakje, dek het af en vries het maximaal 24 uur in.

Ricotta-ijs

Ricotta-ijs

Voor 6 tot 8 porties

Ricotta-ijs is de favoriete smaak van Giolitti, een van de uitstekende Romeinse ijssalons. Elke zomeravond verzamelt zich een grote menigte om hoorntjes gevuld met hun heerlijke ijs te kopen.

Je kunt een paar eetlepels gehakte chocolade of pistachenoten aan het ijsmengsel toevoegen. Serveer dit heerlijke ijs in kleine porties en besprenkel het eventueel met een beetje sinaasappellikeur of rum.

Zowel gekonfijte sinaasappelschil als citroen zijn verkrijgbaar in speciaalzaken in Italië en het Midden-Oosten of per postorder.bronnen.

16 ons verse ricotta, geheel of gedeeltelijk afgeroomd

1/2 kopje suiker

2 eetlepels zoete of droge Marsala

1 theelepel puur vanille-extract

1/2 kopje koude of zware slagroom

2 eetlepels gehakte citroen

2 eetlepels gehakte gekonfijte sinaasappelschil

1. Plaats minimaal 20 minuten voordat u het dessert gaat bereiden een grote kom en de gardeopzetstukken van een elektrische mixer in de koelkast. Doe de ricotta in een fijne zeef boven een kom. Duw de ricotta met een rubberen spatel door de zeef in de kom. Klop de suiker, Marsala en vanille op.

2. Haal de kom en kloppers uit de koelkast. Giet de room in de kom en klop de room op hoge snelheid tot hij zachtjes zijn vorm behoudt als je de kloppers optilt, ongeveer 4 minuten.

3. Meng met een flexibele spatel de room, de citroen en de schil door het ricottamengsel. Schraap het mengsel in de container van de ijsmachine en vries het in volgens de aanwijzingen van de fabrikant.

4. Verpak het ijs in een plastic bakje, dek het af en vries het maximaal 24 uur in.

mascarpone-ijs

mascarpone-ijs

Maakt 4 porties

De mascarpone maakt het rijker dan gewoon ijs.

1 kopje volle melk

1 kopje suiker

1/2 kopje mascarpone

1/2 kop vers geperst citroensap

1 theelepel citroenschil

1. Meng de melk en de suiker in een pan. Kook op laag vuur, vaak roerend, tot de suiker oplost, ongeveer 3 minuten. Laat iets afkoelen.

2. Klop de mascarpone erdoor en klop tot een gladde massa. Voeg het citroensap en de rasp toe.

3. Bevries in de ijsmachine volgens de instructies van de fabrikant.

4. Verpak het ijs in een plastic bakje, dek het af en vries het maximaal 24 uur in.

Kaneel-ijs

Kaneel-ijs

Maakt 6 porties

Op een zomer in Italië, een paar jaar geleden, was dit ijs een ware rageWarme rode fruitsaus, en ik heb het keer op keer met plezier gegeten. IJs is heerlijk op zichzelf of probeer het erbijMokka saus.

2 kopjes volle melk

1 kopje crème

1 reep (2 inch) citroenschil

1 1/2 theelepel gemalen kaneel

4 grote eidooiers

1 1/2 kopje suiker

1. Meng in een middelgrote pan melk, room, citroenschil en kaneel. Verwarm op laag vuur tot er kleine belletjes rond de randen ontstaan. Haal van het vuur.

2. Klop in een grote hittebestendige kom de eierdooiers en de suiker schuimig. Giet geleidelijk de hete melk bij het eigeelmengsel en klop tot een gladde massa.

3. Giet het mengsel terug in de pan. Zet de pan op middelhoog vuur. Kook, onder voortdurend roeren met een houten lepel, tot er stoom uit de pan begint te stijgen en de room iets dikker wordt, ongeveer 5 minuten.

4. Giet de custard door een zeef in een kom. Laten afkoelen. Dek af en zet minimaal 1 uur of een nacht in de koelkast. (Om het custardmengsel snel af te koelen, giet je het in een kom in een grotere kom gevuld met ijswater. Roer het mengsel regelmatig.)

5. Bevries het mengsel in een ijsvriezer volgens de instructies van de fabrikant. Verpak het ijs in een plastic bakje, dek het af en vries het maximaal 24 uur in.

Espresso-ijs

Koffie-ijs

Voor 6 tot 8 porties

Thuis zetten de meeste Italianen koffie in een speciaal ontworpen koffiezetapparaat op het fornuis. Hij duwt hete stoom, en niet heet water, door de koffie, en dat is wat een klassieke espresso maakt.

Maar je kunt ook goede koffie zetten met espressobonen in een gewone lekbak. Zorg ervoor dat je een espresso van goede kwaliteit gebruikt en deze sterk maakt, vooral voor dit ijs. Hij is hemels gekroondwarme chocoladesaus.

2 kopjes volle melk

²/3 kopje suiker

3 grote eidooiers

1 kopje sterke espresso

1. Verwarm de melk met de suiker in een pan tot er kleine belletjes rond de randen ontstaan, ongeveer 3 minuten. Roer tot de suiker oplost.

2. Klop de eierdooiers in een grote hittebestendige kom lichtgeel. Voeg geleidelijk de hete melk toe. Giet het mengsel in de pan. Kook op laag vuur, onder voortdurend roeren met een houten lepel, tot er stoom op het oppervlak ontstaat en het mengsel iets is ingedikt. Giet het mengsel onmiddellijk door een fijne zeef in een kom. Voeg de gezette koffie toe. Dek af en laat minimaal 1 uur afkoelen.

3. Bevries het mengsel in een ijsvriezer volgens de instructies van de fabrikant. Verpak het ijs in een plastic bakje, dek het af en vries het maximaal 24 uur in.

Walnoot- en karamelijs

Walnoot-ijs

Maakt 6 porties

Druppel voor het serveren een beetje rum of cognac over het ijs.

1 1/4 kopjes suiker

1 1/4 kopje water

1 kopje crème

2 kopjes volle melk

5 grote eidooiers

1 theelepel puur vanille-extract

3 1/4 kopje walnoten

1. Meng de suiker en het water in een kleine, zware pan. Kook op middelhoog vuur, af en toe roerend, tot de suiker volledig is opgelost, ongeveer 3 minuten. Wanneer het mengsel begint te koken, stop dan met roeren en kook tot de siroop langs de randen bruin begint te worden. Draai vervolgens de pan zachtjes

boven het vuur tot de siroop een uniforme goudbruine kleur heeft, nog ongeveer 2 minuten.

2.Haal de pan van het vuur. Als het niet meer kookt, giet je voorzichtig de room erbij. Wees voorzichtig, want de karamel kan koken. Als alle room is toegevoegd, is de karamel hard geworden. Zet de pan terug op het vuur. Kook, onder voortdurend roeren, tot de karamel vloeibaar en glad is. Giet het mengsel in een grote kom.

3.Verwarm in dezelfde pan de melk tot er kleine belletjes rond de rand van de pan ontstaan, ongeveer 3 minuten.

4.Klop in een middelgrote hittebestendige kom de eierdooiers met de resterende ½ kopje suiker tot ze goed gemengd zijn. Voeg geleidelijk de hete melk toe. Giet het mengsel in de pan en kook op laag vuur, onder voortdurend roeren, tot er stoom uit het oppervlak komt en het mengsel iets is ingedikt.

5.Giet het eierdooiermengsel onmiddellijk door een fijne zeef in de kom met de karamel. Voeg vanille toe en mix tot een gladde massa. Dek af en laat minimaal 1 uur in de koelkast rusten.

6.Plaats een rooster in het midden van de oven. Verwarm de oven voor op 350 ° F. Verdeel de noten in een kleine pan. Kook, één of twee keer roerend, gedurende 10 minuten of tot het licht geroosterd is. Wrijf de stukjes walnoot met een handdoek om een deel van de schil te verwijderen. Laten afkoelen. Snijd in grote stukken.

7. Bevries het mengsel in een ijsvriezer volgens de instructies van de fabrikant.

8. Als het ijs klaar is, voeg je de walnoten toe. Verpak het ijs in een plastic bakje, dek het af en vries het maximaal 24 uur in.

Honingijs met nougat

Nougat-honingijs

Maakt 6 porties

Italianen zijn dol op honing, vooral als deze wordt geproduceerd door bijen die aromatische bloemen en bomen zoals lavendel en kastanje bestuiven. Honing wordt op toast uitgesmeerd, besprenkeld met kaas en gebruikt bij het koken. Dit ijs krijgt zijn smaak van het type honing dat wordt gebruikt, dus zoek er een met een interessante smaak.

In Italië zijn er twee soorten nougat. Een daarvan is een zachter noga-dessert, gemaakt met honing, eiwit en noten. Het andere type, dat gemakkelijk thuis te maken is (zieAmandel broos), is een harde praline, gemaakt met suiker, water en noten. Beide soorten noga worden ook in stokvorm verkocht en zijn vooral tijdens de kerstperiode te vinden in Italiaanse supermarkten en banketbakkers.

De nougat-topping is optioneel, maar erg lekker. Zowel zachte als harde kunnen worden gebruikt.

2 kopjes volle melk

4 grote eidooiers

1 1/2 kopje honing

1 kopje crème

Ongeveer 6 eetlepels rum of cognac

1 1/2 kop fijngehakte noga (optioneel)

1. Verwarm de melk in een middelgrote pan op laag vuur tot er kleine belletjes rond de rand van de pan ontstaan, ongeveer 3 minuten.

2. Klop in een grote hittebestendige kom de eierdooiers en de honing tot een gladde massa. Voeg geleidelijk de hete melk toe. Giet het mengsel in de pan en kook op laag vuur, onder voortdurend roeren, tot er stoom uit het oppervlak komt en het mengsel iets is ingedikt.

3. Giet het mengsel onmiddellijk door een fijne zeef in een kom. Voeg de room toe. Dek af en zet in de koelkast tot het koud is, ongeveer 1 uur.

4. Bevries het mengsel in een ijsvriezer volgens de instructies van de fabrikant. Verpak het ijs in een plastic bakje. Dek af en vries

maximaal 24 uur in. Serveer elke portie met een lepel rum of cognac en een beetje gehakte noga.

Amaretti-ijs

Amaretti-ijs

Voor 6 tot 8 porties

Italianen houden van amaretti, lichte en knapperige amandelkoekjes, alleen of in desserts. Knapperige druppels amaretti verfraaien dit ijs. Serveer het met een scheutje amarettolikeur.

2 kopjes volle melk

4 grote eidooiers

1/2 kopje suiker

1 kopje crème

1 theelepel puur vanille-extract

1 kopje amarettikoekjes, grof gehakt

1. Verwarm de melk in een grote pan op laag vuur tot er kleine belletjes rond de randen ontstaan, ongeveer 3 minuten.

2. Klop in een grote hittebestendige kom de eierdooiers en de suiker tot ze goed gemengd zijn. Voeg beetje bij beetje de hete melk toe en blijf roeren. Als alle melk is toegevoegd, giet je het

mengsel in de pan. Kook op middelhoog vuur, onder voortdurend roeren, tot er stoomslierten op het oppervlak ontstaan en het mengsel iets dikker is geworden.

3.Giet het mengsel onmiddellijk door een fijne zeef in een kom. Voeg de room en vanille toe. Dek af en zet in de koelkast tot het koud is, ongeveer 1 uur.

4.Vries het ijs in een ijsvriezer in, volgens de instructies van de fabrikant. Eenmaal bevroren, voeg je de kruimels toe. Verpak het ijs in een plastic bakje, dek het af en vries het maximaal 24 uur in.

"Affogato"-ijs.

Verdronken ijs

Maakt 4 porties

Elke smaak van ijs kan worden "verdronken" in hete espresso, maar karamel en pecannotencrème zijn twee van mijn favorieten. Het ijs smelt lichtjes waardoor er een romige saus ontstaat. Als je wilt, kun je de likeur achterwege laten.

4 eetlWalnoot snoepjesOFIjsje"

¹1/2 kop hete espresso

2 eetlepels sinaasappellikeur of amaretto (optioneel)

1. Maak indien nodig ijs klaar. Verdeel het ijs in twee serveerbekers.

2. Als u likeur gebruikt, klop dan de espresso en de likeur in een kleine kom en giet het mengsel over het ijs. Serveer onmiddellijk.

Balsamico-azijn-ijs

Balsamico-ijs

Maakt 4 porties

IJs en azijn lijken misschien een vreemde combinatie, en dat zou het ook zijn als het gemaakt werd met gewone balsamicoazijn. Voor dit unieke dessert, populair in Parma, mag alleen de best gerijpte balsamico worden gebruikt als een delicate en licht samentrekkende saus op zoet ijs. De variatie in de supermarkt zou te groot zijn.

4 eetlepels vanille-ijs of premium bevroren yoghurt, ofIjsje", verzacht

2-3 theelepels goed gerijpte balsamicoazijn

> Maak indien nodig ijs klaar. Giet het ijs op serveerschalen. Besprenkel met balsamicoazijn. Serveer onmiddellijk.

Bevroren truffels

Truffels

Maakt 6 porties

Sinds mijn eerste reis naar Italië in 1970 kan ik niet meer naar Rome zonder een korte stop bij Tre Scalini op Piazza Navona voor een truffel. Dit populaire café staat al jaren bekend om zijn heerlijke bevroren truffels, bolletjes ijs gerold in vlokken goede chocolade rondom een hart van zure kersen. Diepgevroren truffels zijn gemakkelijk thuis te maken en vormen een feestelijk dessert. Zorg ervoor dat je alles koud houdt en snel werkt. Een grote ijsschep met een veerbelaste hendel om het ijs los te laten is hiervoor het beste hulpmiddel.

4 ons halfzoete chocoladestukjes

6 Italiaanse kersen op siroop (zure kersen, verkrijgbaar in potjes) of marasquinkersen gemengd met een beetje cognac

2 eetlepels gehakte amandelen

1 liter vanille-ijs

1 liter chocolade-ijs

1. Bekleed een kleine metalen bakplaat met vetvrij papier en plaats deze in de vriezer. Bekleed een bakplaat met aluminiumfolie.

2. Breng in de onderste helft van een dubbele boiler of middelgrote pan 5 cm water aan de kook. Plaats de chocoladestukjes in de bovenste helft van de dubbele boiler of in een kom die comfortabel op de pan staat. Laat de chocolade zitten tot ze zacht is, ongeveer 5 minuten. Meng tot een gladde massa. Schraap de gesmolten chocolade op het met folie beklede vel. Verdeel de chocolade gelijkmatig en dun over de aluminiumfolie. Laat het in de koelkast afkoelen tot het stevig is, ongeveer 1 uur.

3. Zodra de chocolade is uitgehard, tilt u de folie uit de pan en breekt u het chocoladevel in vlokken van ½ inch met een spatel of met uw vingers. Verdeel de vlokken over de bakplaat.

4. Haal de koude pan uit de vriezer. Doop een grote ijsschep in het vanille-ijs en vul deze tot de helft. Dompel de bal in het chocolade-ijs en vul hem volledig. Houd het ijs in de bal, maak een gat in het midden en plaats een van de kersen en wat amandelen. Vorm het ijs op de vulling. Giet het bolletje ijs op de chocoladestukjes en rol het ijs snel op, waarbij je de chocolade tegen het oppervlak drukt. Gebruik een metalen spatel om het op te tillen en breng het afgedekte ijs over naar de koude pan. Zet de pan terug in de vriezer.

5. Bereid op dezelfde manier nog 5 ijstruffels. Bedek de truffels en pan met plasticfolie voordat je de pan terug in de vriezer zet. Vries minimaal 1 uur of maximaal 24 uur in voordat u het serveert.

Amandelcrème kopjes

Tortoni koekje

Maakt 8 porties

Toen ik klein was, was dit het standaarddessert in Italiaanse restaurants, net zoals tiramisu dat de afgelopen vijftien jaar is geweest. Hoewel het misschien ouderwets lijkt, is het nog steeds heerlijk en gemakkelijk te maken.

Als je een dessert met een chiquere uitstraling wilt, giet het mengsel dan in semifreddo-glaasjes of -vormen. De maraschinokersen voegen een vleugje kleur toe, maar je kunt ze weglaten als je dat liever hebt.

2 kopjes koude of zware slagroom

1 1/2 kop poedersuiker

2 theelepels puur vanille-extract

1/2 theelepel amandelextract

2 eiwitten, op kamertemperatuur

Snufje zout

8 marasquinkersen, uitgelekt en gehakt (optioneel)

2 eetlepels fijngehakte geroosterde amandelen

12 tot 16 geïmporteerde Italiaanse amarettikoekjes, fijngehakt (ongeveer 1 kopje kruimels)

1. Plaats minstens 20 minuten voordat u klaar bent om de slagroom op te kloppen een grote kom en de kloppers van een elektrische mixer in de koelkast. Bekleed een muffinvorm met 8 geplooide papieren of aluminium voeringen.

2. Haal de kom en kloppers uit de koelkast. Giet de room, suiker en extracten in de kom en klop het mengsel op hoge snelheid tot het zachtjes zijn vorm behoudt wanneer de kloppers worden opgetild, ongeveer 4 minuten. Zet de slagroom in de koelkast.

3. In een grote, schone kom met schone kloppers klop je de eiwitten met het zout op lage snelheid schuimig. Verhoog geleidelijk de snelheid en klop totdat de eiwitten zachte pieken behouden wanneer de kloppers worden opgetild. Spatel met een flexibele spatel de eiwitten voorzichtig door de slagroom.

4. Bewaar 2 eetlepels amarettikruimels. Voeg de rest van het paneermeel, de kersen en de amandelen toe aan het roommengsel. Giet in voorbereide muffinvormpjes. Bestrooi met de achtergehouden amarettikruimels.

5.Dek af met aluminiumfolie en vries minimaal 4 uur of maximaal een nacht in. Haal 15 minuten voor het serveren uit de koelkast.

oranje schuim

Oranje Spumone

Maakt 6 porties

Spumone is afgeleid van spuma, wat 'schuim' betekent. Het heeft een romigere textuur dan gewoon ijs, omdat de eidooiers worden gekookt met hete suikersiroop om een dikke room te maken. Hoewel rijk aan eierdooiers, is hij licht en luchtig dankzij het eierschuim en de slagroom.

3 navelsinaasappelen

1 kopje water

3 1/4 kopje suiker

6 grote eierdooiers

1 kopje koude of zware slagroom

1. Rasp de schil van de sinaasappels en pers het sap uit. (Er moeten 3 eetlepels schil en 2/3 kopje sap zijn.)

2. Meng water en suiker in een middelgrote pan. Breng op middelhoog vuur aan de kook en kook, af en toe roerend, tot de suiker is opgelost.

3. Klop de eidooiers in een grote hittebestendige kom tot een gladde massa. Voeg langzaam de hete suikersiroop toe in een dun straaltje, onder voortdurend kloppen. Giet het mengsel in de pan en kook op laag vuur, al roerend met een houten lepel, tot het iets dikker wordt en het mengsel de lepel lichtjes bedekt.

4. Giet het mengsel door een fijne zeef in een kom. Voeg het sinaasappelsap en de rasp toe. Laat afkoelen, dek af en zet in de koelkast tot het gekoeld is, minimaal 1 uur. Plaats een grote kom en de kloppers van een elektrische mixer in de koelkast.

5. Haal vlak voor het serveren de kom en garde uit de koelkast. Giet de room in de kom en klop de room op hoge snelheid tot hij zachtjes zijn vorm behoudt als je de kloppers optilt, ongeveer 4 minuten. Spatel de crème voorzichtig met een flexibele spatel door het sinaasappelmengsel.

6. Vries het in in een ijsvriezer volgens de instructies van de fabrikant. Verpak in een container, dek af en vries in. Serveer binnen 24 uur.

Amandel semifreddo

Amandel semifreddo

Maakt 8 porties

Semifreddo betekent 'gemiddeld koud'. Dit dessert dankt zijn naam aan het feit dat, zelfs als het bevroren is, de consistentie zacht en romig blijft. Het smelt gemakkelijk, dus houd alles erg koud terwijl je het klaarmaakt. warme chocoladesausHet is een goede begeleiding.

3 1/4 kop koude of zware slagroom

1 theelepel puur vanille-extract

3 1/4 kopje suiker

1 1/4 kopje water

4 grote eieren, op kamertemperatuur

6 amarettikoekjes fijngehakt

2 eetlepels fijngehakte geroosterde amandelen

2 eetlepels gesneden amandelen

1. Bekleed een metalen bakvorm van 9x5x3 inch met plasticfolie en laat aan de uiteinden een overhang van 2 inch over. Laat de pan afkoelen in de vriezer. Plaats minstens 20 minuten voordat u klaar bent om de slagroom op te kloppen een grote kom en de kloppers van een elektrische mixer in de koelkast.

2. Als u klaar bent, haalt u de kom en de garde uit de koelkast. Giet de room en de vanille in de kom en klop de room op hoge snelheid tot hij zachtjes zijn vorm behoudt wanneer de kloppers worden opgetild, ongeveer 4 minuten. Zet de kom terug in de koelkast.

3. Meng de suiker en het water in een kleine pan. Breng op middelhoog vuur aan de kook en kook, af en toe roerend, tot de suiker volledig is opgelost, ongeveer 2 minuten.

4. Klop de eieren in een grote kom met een mixer op gemiddelde snelheid tot ze schuimig zijn, ongeveer 1 minuut. Klop de hete suikersiroop langzaam door de eieren. Blijf kloppen tot het mengsel heel licht en luchtig is en koel aanvoelt, 8 tot 10 minuten.

5. Spatel met een flexibele spatel de slagroom voorzichtig door het eimengsel. Spatel voorzichtig de koekkruimels en de gehakte amandelen erdoor.

6. Giet het mengsel in de voorbereide pan. Dek het goed af met plasticfolie en vries het gedurende 4 uur tot een nacht in.

7. Gooi de pan weg. Draai een serveerbord om boven de pan. Houd het bord en de pan bij elkaar en draai ze om. Til de pan op en verwijder voorzichtig de plastic folie. Bestrooi met geschaafde amandelen.

8. Snijd in plakjes en serveer onmiddellijk.

Florentijnse bevroren koepelcake

Courgettes

Maakt 8 porties

Geïnspireerd door de koepel van de prachtige Duomo, de kathedraal in het hart van Florence, is dit prachtige dessert vrij eenvoudig te maken, deels omdat er gebruik wordt gemaakt van kant-en-klare cake.

1 (12 ounce) biscuitgebak

2 eetlepels rum.

2 eetlepels sinaasappellikeur

Gevuld

1 liter slagroom of slagroom

¼ kopje poedersuiker, plus meer voor decoratie

1 theelepel puur vanille-extract

4 ons halfzoete chocolade, fijngehakt

2 eetlepels geschaafde amandelen, geroosterd en afgekoeld

Verse bessen (optioneel)

1. Plaats minstens 20 minuten voordat u klaar bent om de slagroom op te kloppen een grote kom en de kloppers van een elektrische mixer in de koelkast. Bekleed een ronde kom of vorm van 2 liter met huishoudfolie. Snijd de cake in plakjes van maximaal 1/4 inch dik. Snijd elke plak diagonaal doormidden, vorm twee driehoekige stukken en schik ze allemaal op een serveerschaal.

2. Klop in een kleine kom de rum en de likeur door elkaar en strooi het mengsel over de cake. Plaats zoveel cakeplakken als je nodig hebt naast elkaar, met de punt naar beneden, in de kom om één laag te vormen. Bedek het resterende binnenoppervlak van de kom met de resterende cake en snij indien nodig stukken op maat. Vul de lege ruimtes op met stukjes taart. Bewaar de overgebleven cake voor de bovenkant.

3. Bereid de vulling voor: Haal de kom en kloppers uit de koelkast. Giet de room in de kom. Voeg de poedersuiker en vanille toe. Klop op hoge snelheid tot de room zijn vorm behoudt als de kloppers omhoog worden gebracht, ongeveer 4 minuten. Spatel voorzichtig de chocolade en amandelen erdoor.

4. Giet het roommengsel in de vorm en zorg ervoor dat de cake niet beweegt. Leg de overige plakjes cake erop. Dek het goed af met plasticfolie en bevries de vorm gedurende 4 uur of een nacht.

5. Om te serveren verwijdert u de folie en draait u een serveerbord om boven de kom. Houd het bord en de kom bij elkaar en draai ze om. Til de kom op. Verwijder de vershoudfolie en bestrooi met poedersuiker. Schik de bessen rond de taart. Snijd in stukken om te serveren.

Mascarponesaus Met Honing

Mascarponesaus

Maakt 2 kopjes

Serveer het met verse bessen of Marsala-notencake.

1 1/2 kopje mascarpone

3 eetlepels honing

1 1/2 theelepel citroenschil

1 kopje koude room, opgeklopt

Klop in een grote kom de mascarpone, honing en citroenschil tot een gladde massa. Voeg de slagroom toe. Serveer onmiddellijk.

Verse verse salsa

Aardbeiensaus

Maakt 1½ kopjes

Frambozen kunnen ook op deze manier worden bereid. Als je frambozen gebruikt, zeef de saus dan om de pitjes te verwijderen.

1 liter verse aardbeien, gespoeld en geschild

3 eetlepels suiker of naar smaak

1/4 kop vers sinaasappelsap

2 eetlepels sinaasappellikeur, cassis of lichte rum

> Combineer alle ingrediënten in een keukenmachine of blender. Mixen tot een gladde substantie. Serveer of doe het in een luchtdichte verpakking en laat het maximaal 24 uur in de koelkast staan.

Warme rode fruitsaus

Hete bessensaus

Maakt ongeveer 2 1/2 kopjes

Deze saus is heerlijk bij citroen-, mascarpone-, kaneel- of roomijs of voor een eenvoudige taart.

4 kopjes verse gemengde bessen, zoals bosbessen, aardbeien, frambozen en bramen

1/4 kopje water

1/4 kopje suiker of meer

1. Spoel de bessen af en verwijder de schil of steel. Snijd de aardbeien doormidden of in vieren als ze groot zijn.

2. Meng de bessen, het water en de suiker in een middelgrote pan. Breng op middelhoog vuur aan de kook. Kook, af en toe roerend, tot de bessen zacht zijn en de sappen enigszins ingedikt zijn, ongeveer 5 minuten. Proef en voeg indien nodig meer suiker toe. Haal van het vuur en laat iets afkoelen. Serveer of doe het in een luchtdichte verpakking en laat het maximaal 24 uur in de koelkast staan.

Frambozensaus het hele jaar door

Frambozensaus

Voor ongeveer 2 kopjes

Zelfs als de bessen niet in het seizoen zijn, kun je nog steeds een heerlijke, fris smakende salsa maken. De smaak en kleur van framboos passen bijzonder goed bij desserts en cakes met amandel- en chocoladesmaak. Voor een eenvoudig maar mooi dessert schep je deze saus en ook wat verse bessen op dunne plakjes meloen.

De salsa kan ook gemaakt worden met bevroren bosbessen of aardbeien of een combinatie van bessen. Als je geen bessen op siroop kunt vinden, gebruik dan ongezoet fruit en voeg suiker naar smaak toe.

2 pakjes (10 ounce) bevroren frambozen op siroop, gedeeltelijk ontdooid

1 theelepel maizena gemengd met 2 eetlepels water

Ongeveer 1 theelepel vers citroensap

1. Haal de bessen door een keukenmachine met een fijn mes, of mix ze in een keukenmachine en pers ze door een fijne zeef.

2. Breng de puree in een pan aan de kook. Voeg het maïzenamengsel toe en kook, al roerend vaak, tot het iets dikker is, ongeveer 1 minuut. Voeg het citroensap toe. Laat iets afkoelen. Serveer of doe het in een luchtdichte verpakking en bewaar het maximaal 3 dagen in de koelkast.

warme chocoladesaus

Warme chocoladesaus

Voor ongeveer 1½ kopjes

De espresso versterkt de chocoladesmaak van deze heerlijke saus, maar je kunt hem ook weglaten als je dat liever hebt. Serveer met ijs, semifreddo of droog gebak; Het past goed bij een grote verscheidenheid aan desserts.

8 ons bitterzoete of halfzoete chocolade, gehakt

1 kopje crème

> Doe de chocolade en de room in een dubbele boiler of in een hittebestendige kom boven een pan met kokend water. Laat rusten tot de chocolade zacht wordt. Meng tot een gladde massa. Serveer warm of doe het in een luchtdichte verpakking en bewaar het maximaal 3 dagen in de koelkast. Verwarm zachtjes.
>
> **Hete mokkasaus:** Voeg 1 theelepel instant espressopoeder toe aan de chocolade.

katten tong

Savoiardi-koekjes

4 dozijn geleden

Deze lichte en knapperige koekjes, genaamd Savoiardi, ontlenen hun naam aan het koninklijk huis van Savoye dat vanaf de 15e eeuw over Piemonte regeerde en van 1861 tot de Tweede Wereldoorlog over heel Italië. Het zijn perfecte theekoekjes en smaken uitstekend bij ijs of fruit, maar kunnen ook gebruikt worden in samengestelde desserts zoals tiramisu.

Aardappelzetmeel wordt gebruikt om koekjes knapperig en licht te maken. Aardappelzetmeel kun je in veel supermarkten vinden of je kunt het vervangen door maïszetmeel.

4 grote eieren, op kamertemperatuur

2/3 kopje suiker

2 theelepels puur vanille-extract

1 1/2 kopje bloem voor alle doeleinden

1 1/4 kop aardappelzetmeel

Snufje zout

1. Verwarm de oven voor op 400 ° F. Boter en bloem 3 grote bakvormen.

2. Scheid de eieren. Klop in een grote kom met een elektrische mixer op gemiddelde snelheid de eierdooiers met 1/3 kopje suiker en de vanille tot ze dik en lichtgeel zijn, ongeveer 7 minuten.

3. In een grote, schone kom, met schone gardeopzetstukken, klop je de eiwitten met een snufje zout op lage snelheid schuimig. Verhoog de snelheid naar hoog en voeg geleidelijk de resterende 1/3 kop suiker toe. Klop tot het eiwit zachte pieken bereikt wanneer de kloppers worden opgetild, ongeveer 5 minuten.

4. Vouw met een rubberen spatel ongeveer 1/3 van het eiwit door de eidooiers om ze lichter te maken. Voeg geleidelijk de resterende eiwitten toe.

5. Doe de bloem en het zetmeel in een fijnmazige zeef. Draai de zeef over de eieren en voeg voorzichtig maar voorzichtig de droge ingrediënten toe.

6. Doe het deeg in een grote spuitzak met een spuitmondje van 1/2 inch of in een stevige plastic zak waarvan één hoek is

afgesneden. (Vul de zak niet meer dan halfvol.) Plaats het deeg op bakplaten en vorm blokken van 3 x 1 inch met een onderlinge afstand van 2,5 cm.

7. Bereid verschillende draadkoelrekken voor. Bak de koekjes gedurende 10 tot 12 minuten, of tot ze goudbruin en stevig zijn als je ze lichtjes in het midden aanraakt.

8. Breng bakplaten over naar koelrekken. Laat de koekjes 2 minuten afkoelen op bakplaten en leg ze vervolgens op de planken om volledig af te koelen. Bewaren in een luchtdichte verpakking bij kamertemperatuur gedurende maximaal 2 weken.

Griesmeelkoekjes

canestrelli

Serveert 36

Canistrelli betekent 'kleine manden'. Deze Ligurische koekjes zijn knapperig en boterachtig en zijn gemaakt met griesmeel, waardoor ze een romige kleur en een licht zandige textuur krijgen.

Griesmeel is een bleek goudkleurige durumtarwe die is gemalen tot een zandachtige consistentie. Het griesmeel kan fijn of grof zijn. Fijn griesmeel wordt vaak bestempeld als griesmeel of pastameel. Het wordt vaak gebruikt om brood te maken, vooral op Sicilië, en sommige soorten pasta en gnocchi, zoalsRomeinse griesmeelgnocchi. Griesmeel kan bij veel supermarkten, natuurvoedingswinkels en etnische markten worden gekochtpostorderbronnen.

12/3 kopjes bloem voor alle doeleinden

1/2 kop fijn griesmeel

1/2 theelepel zout

1 kop (2 stokjes) ongezouten boter, op kamertemperatuur

1/2 kop poedersuiker

1 groot ei

1. Zeef de bloem, het griesmeel en het zout in een grote kom.

2. Klop de boter in een grote kom met een elektrische mixer op gemiddelde snelheid tot het licht en luchtig is, ongeveer 2 minuten. Voeg de suiker toe en klop tot alles goed gemengd is, nog ongeveer 1 minuut. Klop het ei tot een gladde massa.

3. Voeg de droge ingrediënten toe en mix op lage snelheid tot alles goed gemengd is. (Niet te lang mixen). Verzamel het deeg tot een bal en wikkel het in vershoudfolie. Zet 1 uur tot een nacht in de koelkast.

4. Verwarm de oven voor op 350 ° F. Vet 2 grote bakplaten in.

5. Rol het deeg op een licht met bloem bestoven oppervlak met een deegroller uit tot een cirkel van 9 inch van ongeveer 1/4 inch dik. Gebruik een koekjesvormer of koekjesvormer en snijd het deeg in cirkels van 2 inch. Schik op voorbereide bakplaten met een tussenruimte van ongeveer 2,5 cm.

6. Bereid 2 draadkoelrekken voor. Bak gedurende 13 minuten of tot de koekjes lichtbruin zijn aan de rand.

7. Breng bakplaten over naar koelrekken. Laat de koekjes 5 minuten afkoelen op bakplaten en breng ze vervolgens over naar roosters om volledig af te koelen. In een luchtdichte verpakking maximaal 2 weken houdbaar.

Vin Santo-ringen

Vin Santo-donuts

Ongeveer vier dozijn geleden

Vin santo is een droge Toscaanse dessertwijn. Het wordt meestal geserveerd als bijgerecht bij koekjes, maar hier is het het belangrijkste smaakstofingrediënt in ringvormige koekjes. Ze zijn gemaakt met olijfolie en bevatten geen eieren of boter. De vin santo geeft de koekjes een delicate wijnsmaak, terwijl de textuur zacht en kruimelig is. Het recept werd mij gegeven door de chef-kok van wijnmakerij Selvapiana in Toscane.

2 1/2 kopjes bloem voor alle doeleinden

1/2 kopje suiker

1/2 glas extra vergine olijfolie

1/2 glas vin santo

1. Verwarm de oven voor op 350 ° F. Bereid 2 grote, niet ingevette bakplaten voor.

2. Meng de bloem en de suiker in een grote kom met een houten lepel. Voeg de olie en de wijn toe en meng tot het mengsel glad en goed gemengd is. Vorm een bal met het deeg.

3. Verdeel het deeg in 6 secties. Snijd een sectie in 8 stukken. Rol elk stuk tussen je handpalmen totdat het een blok van 4 x 1/2 inch vormt. Vorm het houtblok tot een ring en knijp de randen samen om het af te dichten. Herhaal met het resterende deeg en plaats de ringen met een tussenruimte van 2,5 cm op bakplaten.

4. Bereid 2 draadkoelrekken voor. Bak de ringen gedurende 20 minuten of tot ze goudbruin zijn.

5. Breng bakplaten over naar planken. Laat de koekjes 5 minuten afkoelen op bakplaten en breng ze vervolgens over naar roosters om volledig af te koelen. In een luchtdichte verpakking maximaal 2 weken houdbaar.

Marsala-koekjes

Marsala-koekjes

4 dozijn geleden

De warme en zonnige smaak van Marsala versterkt deze Siciliaanse koekjes. Je kunt droge of zoete Marsala gebruiken. Serveer ze zeker met een glas van dezelfde wijn. Ze lijken op de Vin Santo-ringen aan de linkerkant, hoewel de textuur lichter en knapperiger is dankzij de eieren en gist, en ze zijn geglazuurd met suiker.

2 1/2 kopjes bloem voor alle doeleinden

2 theelepels bakpoeder

1 theelepel zout

1 kopje suiker

1/2 glas droge of zoete Marsala

2 grote eieren

1/4 kopje extra vergine olijfolie

1 theelepel puur vanille-extract

1. Verwarm de oven voor op 375 ° F. Vet 2 grote bakplaten in.

2. Zeef de bloem, het bakpoeder en het zout in een grote kom. Giet een halve kop suiker in een kleine kom en een halve kop Marsala in een andere.

3. Klop in een grote kom de eieren en de resterende ½ kopje suiker tot ze goed gemengd zijn. Klop de resterende ½ kopje Marsala, olie en vanille-extract door elkaar. Voeg met een houten lepel de droge ingrediënten toe. Kneed kort tot het mengsel goed homogeen is en vorm een bal.

4. Verdeel het deeg in 6 secties. Snijd een sectie in 8 stukken. Rol elk stuk tussen je handpalmen totdat het een blok van 4 x 1/2 inch vormt. Vorm het houtblok tot een ring en knijp de randen samen om het af te dichten. Herhaal de handeling met het resterende deeg.

5. Dompel de boven- of onderkant van elke ring eerst in de wijn en vervolgens in de suiker. Plaats de ringen met de suikerkant naar boven en ongeveer 2,5 cm uit elkaar op de voorbereide bakplaten. Bak gedurende 18-20 minuten of tot ze goudbruin zijn. Bereid 2 draadkoelrekken voor.

6. Breng bakplaten over naar planken. Laat de koekjes 5 minuten afkoelen op bakplaten en breng ze vervolgens over naar roosters

om volledig af te koelen. In een luchtdichte verpakking maximaal 2 weken houdbaar.

Sesam-wijnkoekjes

Wijnkoekjes

2 dozijn geleden

Gewoon zoet, met een vleugje kruidigheid van de zwarte peper, deze Napolitaanse koekjes zijn uitstekend om van te genieten met een glas wijn en een beetje kaas.

2 1/2 kopjes bloem voor alle doeleinden

1 1/2 kopje suiker

1½ theelepel bakpoeder

1 theelepel zout

1 theelepel versgemalen zwarte peper

1 1/2 glas droge rode wijn

1 1/2 kopje olijfolie

1 eiwit, opgeklopt tot schuim

2 eetlepels sesamzaadjes

1. Verwarm de oven voor op 350 ° F. Bereid 2 grote, niet ingevette bakplaten voor.

2. Meng in een grote kom de bloem, suiker, bakpoeder, zout en peper. Voeg de wijn en olijfolie toe en meng tot alles goed gemengd is.

3. Vorm een bal met het deeg. Verdeel het deeg in 4 stukken. Vorm elk stuk in een blok van 10 inch. Maak de boomstammen iets plat. Bestrijk met eiwit en bestrooi met sesamzaadjes.

4. Snijd de boomstammen in stukken van 3/4 inch. Plaats de stukken ongeveer een centimeter uit elkaar op de bakplaten. Bak gedurende 25 minuten of tot ze lichtbruin zijn.

5. Zorg ervoor dat u 2 grote koelrekken gereed heeft. Breng bakplaten over naar planken. Laat de koekjes 5 minuten afkoelen op de bakplaten en leg ze vervolgens op een rooster om volledig af te koelen. In een luchtdichte verpakking maximaal 2 weken houdbaar.

Sesam koekjes

Koningin koekjes

48 geleden

De Sicilianen noemen deze koekjes koningin, omdat ze erg populair zijn. Hoewel ze er vrij eenvoudig uitzien, is hun geroosterde sesamsmaak verslavend. Het een leidt steevast tot het ander.

Zoek naar verse, ongepelde sesamzaadjes op etnische markten en natuurvoedingswinkels. Deze koekjes werden oorspronkelijk gemaakt met reuzel. Siciliaanse koks gebruiken tegenwoordig vaak margarine, maar ik geef de voorkeur aan een combinatie van boter voor de smaak en bakvet om het zacht te maken.

4 kopjes bloem voor alle doeleinden

1 kopje suiker

1 eetlepel bakpoeder

1 theelepel zout

1/2 kop (1 stokje) ongezouten boter, op kamertemperatuur

1/2 kopje vast plantaardig bakvet

2 grote eieren, op kamertemperatuur

1 theelepel puur vanille-extract

1 theelepel citroenschil

2 kopjes ongepelde sesamzaadjes

1/2 kopje melk

1. Verwarm de oven voor op 350 ° F. Vet twee grote bakplaten in en bebloem ze, of bekleed ze met perkament.

2. Meng in een grote kom met een elektrische mixer de bloem, suiker, bakpoeder en zout. Voeg op lage snelheid boter toe en bak het beetje bij beetje in tot het mengsel op grove kruimels lijkt.

3. Klop in een middelgrote kom de eieren, vanille en citroenschil. Meng het eimengsel met de droge ingrediënten tot het glad en goed gemengd is, ongeveer 2 minuten. Bedek het deeg met huishoudfolie en zet het 1 uur in de koelkast.

4. Verdeel de sesamzaadjes op een stuk vetvrij papier. Doe de melk in een kleine kom met de sesamzaadjes.

5. Haal het deeg uit de koelkast. Verzamel een deel van het deeg ter grootte van een golfbal en vorm het tot een blok van 2½ inch lang en 3/4 inch breed. Maak het stuk hout nat in de melk en rol het vervolgens door de sesamzaadjes. Plaats het blok op de bakplaat en druk het iets plat met je vingers. Ga verder met het resterende deeg en plaats de houtblokken ongeveer een centimeter uit elkaar.

6. Bak gedurende 25-30 minuten of tot ze diep goudbruin zijn. Zorg ervoor dat u 2 grote koelrekken gereed heeft.

7. Breng bakplaten over naar planken. Laat de koekjes 5 minuten afkoelen op de bakplaten en leg ze vervolgens op een rooster om volledig af te koelen. In een luchtdichte verpakking maximaal 2 weken houdbaar.

anijs taarten

Anijs koekjes

ongeveer 3 dozijn geleden

Anijs, lid van dezelfde plantenfamilie als venkel, komijn en dille, wordt beschouwd als een hulpmiddel bij de spijsvertering. In Zuid-Italië worden anijszaadjes gebruikt om maaltijdlikeuren zoals Sambuca en anijs op smaak te brengen, waardoor deze koekjes hun karakteristieke zoethoutsmaak krijgen. Voor een sterkere smaak kun je vóór het bakken een theelepel anijszaad aan het deeg toevoegen.

2 grote eieren, op kamertemperatuur

1 eetlepel anijslikeur of anijsextract

1 1/2 kopje suiker

1 kopje bloem voor alle doeleinden

2 eetlepels maizena

1 theelepel bakpoeder

1. Plaats een rooster in het midden van de oven. Verwarm de oven voor op 350 ° F. Vet een vierkante bakvorm van 9 inch in. Bedek de bodem van de pan met vetvrij papier. Beboter en bebloem het papier. Verwijder overtollig meel.

2. Meng de eieren, de sterke drank en de suiker in een grote kom met een elektrische mixer. Begin de eieren op lage snelheid te kloppen en verhoog de snelheid geleidelijk naar hoog. Blijf de eieren kloppen tot ze heel licht en schuimig zijn en in volume verdrievoudigd zijn, ongeveer 5 minuten.

3. Doe de bloem, maizena en bakpoeder in een fijne zeef. Draai de zeef over het eimengsel en meng geleidelijk de droge ingrediënten met een rubberen spatel. Pas op dat u de eieren niet laat leeglopen.

4. Schep het beslag in de voorbereide pan en strijk de bovenkant glad. Bak gedurende 20 tot 25 minuten, of tot het stevig is als het in het midden licht wordt aangeraakt en goudbruin is. Bereid een grote bakplaat en een groot koelrek voor.

5. Haal de pan uit de oven, maar laat de oven aanstaan. Laat een schilmesje langs de randen van de pan lopen. Keer de cake om op een snijplank.

6. Verhoog de oventemperatuur tot 375 ° F. Snijd de cake met een lang gekarteld mes in reepjes van 7,5 cm. Snijd elke strook kruiselings in plakjes van ¾ inch dik. Schik de plakjes in een

enkele laag op een grote bakplaat. Kook de plakjes gedurende 7 minuten of tot ze geroosterd en goudbruin zijn.

7. Haal de koekjes uit de oven en breng ze over naar roosters om af te koelen. Bewaar maximaal 2 weken in een goed afgedekte container.

Gebakken uien

Gebakken uien

Voor 4 tot 8 porties

Deze uien worden zacht en zoet als ze worden gekookt; probeer ze eens met rosbief.

4 middelgrote witte of rode uien, gepeld

⅟ kopje droog broodkruimels

¼ kopje vers geraspte Parmigiano-Reggiano of Pecorino Romano

2 eetlepels olijfolie

Zout en versgemalen zwarte peper

1. Breng een middelgrote pan water aan de kook. Voeg de uien toe en zet het vuur laag zodat het water kookt. Kook 5 minuten. Laat de uien afkoelen in het panwater. Giet de uien af en snijd ze kruislings doormidden.

2. Plaats een rooster in het midden van de oven. Verwarm de oven voor op 350 ° F. Vet een bakvorm in die groot genoeg is om de uien in een enkele laag te houden. Leg de uien met de gesneden

kant naar boven in de pan. Meng in een kleine kom het broodkruim, de kaas, de olijfolie, het zout en de peper naar smaak. Leg het paneermeel op de uien.

3. Bak gedurende 1 uur of tot de uien goudbruin en zacht zijn als ze met een mes worden doorboord. Serveer warm of op kamertemperatuur.

Uien in balsamicoazijn

Balsamico uien

Maakt 6 porties

De balsamicoazijn complementeert de zoete smaak en kleur van de rode uien. Ze passen goed bij varkensgebraad of karbonades.

6 middelgrote rode uien

6 eetlepels extra vergine olijfolie

3 eetlepels balsamicoazijn

Zout en versgemalen zwarte peper

1. Plaats een rooster in het midden van de oven. Verwarm de oven voor op 375 ° F. Bekleed een bakplaat met aluminiumfolie.

2. Was de uien, maar schil ze niet. Doe de uien in de voorbereide pan. Kook de uien gedurende 1 tot 1 1/2 uur, tot ze gaar zijn als u ze met een mes doorprikt.

3. Snijd de worteluiteinden van de uien af en verwijder de schil. Snij de uien in vieren en doe ze in een kom. Voeg de olie, azijn,

zout en peper naar smaak toe en roer om te combineren. Serveer warm of op kamertemperatuur.

Rode uienjam

Rode Uienjam

Maakt ongeveer 1 pint

Tropea, aan de kust van Calabrië, staat bekend om zijn zoete rode uien. Ook al zijn rode uien pittiger in de Verenigde Staten, je kunt toch deze heerlijke jam bereiden die we aten bij Locanda di Alia in Castrovillari. De jam werd geserveerd met gebakken gouden sardientjes, maar smaakt ook heerlijk bij karbonades of gegrilde kip. Ik vind het ook lekker als smaakmaker bij een pittige kaas, zoals rijpe pecorino.

Een variant van de jam bevat gehakte verse munt. Zorg ervoor dat je een pan met een dikke bodem gebruikt en het vuur laag houdt, zodat de uien niet blijven plakken. Voeg een beetje water toe als ze te snel drogen.

1¼ pond rode uien, fijngehakt

1 glas droge rode wijn

1 theelepel zout

2 eetlepels ongezouten boter

1 eetlepel balsamicoazijn

1 of 2 eetlepels honing

Ongeveer 1 eetlepel suiker

1. Meng de uien, rode wijn en zout in een middelzware pan op middelhoog vuur. Breng aan de kook en zet het vuur lager. Dek af en kook, vaak roerend, gedurende 1 uur en 15 minuten of tot de uien heel zacht zijn. De uien zullen enigszins doorschijnend zijn.

2. Voeg de boter, balsamicoazijn en 1 eetlepel honing en suiker toe. Kook onafgedekt, vaak roerend, tot alle vloeistof is verdampt en het mengsel erg dik is.

3. Laat iets afkoelen. Serveer op kamertemperatuur of licht warm. Het kan maximaal een maand in de koelkast worden bewaard. Om op te warmen, plaatst u de gekonfijte vis in een kleine kom boven een pan met kokend water of verwarmt u hem in de magnetron.

Salade van geroosterde rode biet en uien

Salade van uien en rode biet

Maakt 6 porties

Als je nog nooit verse, seizoensbieten hebt gegeten, moet je ze eens proberen. Als ze jong en mals zijn, zijn ze buitengewoon zoet en smakelijk. Koop ze in de zomer en herfst, wanneer ze op hun mooist zijn. Naarmate ze ouder worden, worden ze houtachtig en smaakloos.

6 bieten, geschild en gewassen

2 grote uien, gepeld

6 eetlepels olijfolie

2 eetlepels rode wijnazijn

Zout en versgemalen zwarte peper

6 verse basilicumblaadjes

1. Plaats een rooster in het midden van de oven. Verwarm de oven voor op 400 ° F. Wrijf de bieten en wikkel ze in een groot vel aluminiumfolie en sluit ze goed af. Plaats het pakket op een bakplaat.

2. Snij de uien in kleine stukjes. Leg ze in een ovenschaal en breng op smaak met 2 eetlepels olijfolie.

3. Zet het pakje bieten en de pan met uien naast elkaar in de oven. Bak 1 uur of tot de bieten gaar zijn als je er met een mes in prikt en de uien goudbruin zijn.

4. Laat de bieten afkoelen. Schil de schil en snijd de rode biet in partjes.

5. Meng de bieten en uien in een grote kom met 1/4 kopje olijfolie, de azijn en zout en peper naar smaak. Bestrooi met basilicum en serveer onmiddellijk.

Lente-uitjes met honing en sinaasappel

Oranje geurende lente-uitjes

Maakt 8 porties

Zoetzure uien op smaak gebracht met honing, sinaasappel en azijn zijn lekker bij een feestelijke kalkoen of kapoen, een gebraden varkensvlees of als aperitief bij gesneden vleeswaren. Je kunt ze van tevoren klaarmaken, maar het is raadzaam om ze voor het serveren nog even op te warmen.

2 pond lente-uitjes

1 navel oranje

2 eetlepels ongezouten boter

1/4 kopje honing

1/4 kopje witte wijnazijn

Zout en versgemalen zwarte peper

1. Breng een grote pan water aan de kook. Voeg de uien toe en kook 3 minuten. Giet af en koel af onder stromend water. Scheer met een scherp mes de punt van de worteluiteinden. Snij de

uiteinden niet te diep af, anders vallen de uien uit elkaar tijdens het koken. Verwijder de vellen.

2. Verwijder met een roterende dunschiller de schil van de sinaasappel. Stapel de schilreepjes op elkaar en snijd ze in dunne staafjes. Pers het sap uit de sinaasappel. Opzij zetten.

3. Smelt de boter in een grote koekenpan op middelhoog vuur. Voeg de uien toe en kook gedurende 30 minuten of tot ze lichtbruin zijn. Schud de pan af en toe om plakken te voorkomen.

4. Voeg het sinaasappelsap, de schil, de honing, de azijn, het zout en de peper naar smaak toe. Zet het vuur laag en kook gedurende 10 minuten, waarbij u de uien regelmatig draait, tot ze zacht zijn wanneer u ze doorprikt met een mes en glaceert met de saus. Laat iets afkoelen. Heet opdienen.

Erwten Met Ui

Erwten Met Uien

Maakt 4 porties

Door een beetje water aan de pan toe te voegen, wordt de ui zachter en zachter zonder bruin te worden. De zoetheid van de ui versterkt de smaak van de erwten.

2 eetlepels olijfolie

1 middelgrote ui, fijngehakt

4 eetlepels water

2 kopjes verse gepelde erwten of 1 (10-ounce) pakket bevroren erwten

Snufje gedroogde oregano

zout

1. Giet de olie in een middelgrote pan. Voeg de ui en 2 eetlepels water toe. Kook, vaak roerend, tot de ui heel zacht is, ongeveer 15 minuten.

2. Voeg de erwten toe, de resterende 2 eetlepels water, oregano en zout. Dek af en kook tot de erwten gaar zijn, 5 tot 10 minuten.

Erwten met ham en groene ui

Erwten met ham

Maakt 4 porties

Deze erwten zijn heerlijk bij lamskoteletjes of gebraden lamsvlees.

3 eetlepels ongezouten boter

4 groene uien, bijgesneden en in dunne plakjes gesneden

2 kopjes verse gepelde erwten of 1 (10-ounce) pakket bevroren erwten

1 theelepel suiker

zout

4 dunne plakjes geïmporteerde Italiaanse ham, kruislings in dunne reepjes gesneden

1. Smelt 2 eetlepels boter in een middelgrote koekenpan. Voeg groene uien toe en kook 1 minuut.

2. Voeg de erwten, suiker en zout naar smaak toe. Voeg 2 eetlepels water toe en dek de pan af. Laat sudderen tot de erwten gaar zijn, 5 tot 10 minuten.

3.Voeg de ham en de resterende eetlepel boter toe. Kook nog 1 minuut en serveer warm.

Zoete erwten met sla en munt

Erwten Met Munt

Maakt 4 porties

Zelfs bevroren erwten smaken vers geplukt als ze op deze manier worden bereid. De sla zorgt voor een lichte crunch en de munt zorgt voor een heldere, frisse smaak.

2 eetlepels ongezouten boter

¼ kopje ui, heel fijn gesneden

2 kopjes verse gepelde erwten of 1 (10-ounce) pakket bevroren erwten

1 kopje gehakte slablaadjes

12 muntblaadjes, in stukjes gesneden

Zout en versgemalen zwarte peper

1. Smelt de boter in een middelgrote pan op middelhoog vuur. Voeg de ui toe en kook tot hij zacht en goudbruin is, ongeveer 10 minuten.

2. Voeg de erwten, sla, muntblaadjes en zout en peper naar smaak toe. Voeg 2 eetlepels water toe en dek de pan af. Kook 5 tot 10 minuten of tot de erwten gaar zijn. Heet opdienen.

Paaserwtensalade

Paassalade

Maakt 4 porties

In de jaren vijftig werd Romeo Salta beschouwd als een van de beste Italiaanse restaurants in New York City. Het viel op omdat het erg elegant was en Noord-Italiaanse gerechten serveerde in een tijd waarin de meeste mensen alleen bekend waren met door familie gerunde restaurants die de rode sausgerechten uit het zuiden serveerden. De eigenaar, Romeo Salta, had het restaurantvak geleerd door op luxe cruiseschepen te werken, wat destijds het beste oefenterrein voor restaurantpersoneel was. Deze salade zou rond Pasen op de menukaarten verschenen zijn, toen verse erwten in overvloed aanwezig waren. Het originele recept bevatte ook ansjovis, hoewel ik de salade zonder deze liever heb. Soms voeg ik geraspte Zwitserse kaas of een soortgelijke kaas toe samen met de ham.

2 1/2 kopjes verse gepelde erwten of 1 (10-ounce) pakket bevroren erwten

zout

1 gekookt eigeel

¹1/4 kop olijfolie

¹1/4 kopje citroensap

Vers gemalen zwarte peper

2 ons gesneden geïmporteerde Italiaanse ham, kruislings in smalle reepjes gesneden

1. Breng voor verse of bevroren erwten een middelgrote pan water aan de kook. Voeg de erwten en zout naar smaak toe. Kook tot de erwten net gaar zijn, ongeveer 3 minuten. Giet de erwten af. Laat ze afkoelen onder koud stromend water. Droog de erwten.

2. Prak in een serveerkom de eierdooier met een vork. Klop de olie, het citroensap, zout en peper naar smaak erdoor. Voeg de erwten toe en meng voorzichtig. Voeg de reepjes ham toe en serveer direct.

Geroosterde pepers

Geroosterde pepers

Maakt 8 porties

Geroosterde paprika's zijn heerlijk in salades, omeletten en sandwiches. Ze zijn ook goed in te vriezen, dus je kunt er in de zomer een batch van maken als er veel paprika's zijn en ze bewaren voor de wintermaaltijden.

8 grote rode, gele of groene paprika's

1. Bedek de pan met aluminiumfolie. Plaats de bakplaat op ongeveer 7,5 cm afstand van de warmtebron. Doe de hele paprika in de pan. Zet de grill op hoog vuur. Grill de paprika's, waarbij u ze regelmatig omdraait met een tang, gedurende ongeveer 15 minuten, of totdat de schil rondom blaren vertoont en verkoold is. Doe de paprika's in een kom. Dek af met aluminiumfolie en laat afkoelen.

2. Snijd de paprika's doormidden en laat de saus in een kom uitlekken. Schil de schil en verwijder zaden en stengels.

3. Snijd de paprika's in de lengte in reepjes van 1 inch en doe ze in een serveerschaal. Giet het sap over de paprika's.

4. Serveer op kamertemperatuur of bewaar in de koelkast en serveer koud. In de koelkast zijn de paprika's 3 dagen houdbaar of in de vriezer 3 maanden.

Geroosterde Paprikasalade

Geroosterde Paprikasalade

Maakt 8 porties

Serveer deze paprika's als onderdeel van een assortiment hapjes, als bijgerecht bij gegrilde tonijn of varkensvlees, of als voorgerecht met vers gesneden mozzarella.

1 recept (8 paprika's)Geroosterde pepers

⅓ glas extra vergine olijfolie

4 basilicumblaadjes, in stukjes gesneden

2 teentjes knoflook, in dunne plakjes gesneden

Zout en versgemalen zwarte peper

> Bereid indien nodig paprika's voor. Breng de paprika's op smaak met olie, basilicum, knoflook, zout en peper. Laat 1 uur rusten alvorens te serveren.

Geroosterde Paprika Met Ui En Kruiden

Geroosterde paprika met uien

Maakt 4 porties

Serveer deze paprika's warm of op kamertemperatuur. Ze zijn ook een uitstekende smaakmaker voor croutons.

1/2 receptGeroosterde pepers; gebruik rode of gele paprika

1 middelgrote ui, gehalveerd en in dunne plakjes gesneden

Snufje gehakte chilipeper

2 eetlepels olijfolie

zout

1 1/2 theelepel gedroogde oregano, verkruimeld

2 eetlepels gehakte verse peterselie

1. Bereid de paprika's indien nodig volgens stap 3. Giet vervolgens de paprika's af en snijd ze in de lengte in reepjes van 1/2 inch.

2. Kook in een middelgrote koekenpan de ui met de geplette rode paprika in de olie op middelhoog vuur tot de ui zacht en

goudbruin is, ongeveer 10 minuten. Voeg de paprika, oregano en zout naar smaak toe. Kook, af en toe roerend, tot het gaar is, ongeveer 5 minuten. Voeg de peterselie toe en kook nog 1 minuut. Serveer warm of op kamertemperatuur.

Gebakken Paprika Met Tomaat

Gebakken paprika's

Maakt 4 porties

In dit recept uit de Abruzzen maakt een frisse en licht pikante chilipeper de paprika's levendiger. Je kunt de gemalen rode peper of een gedroogde chilipeper vervangen. Deze paprika's zijn lekker op een broodje.

2 grote rode paprika's

2 grote gele paprika's

1 chilipeper, zoals jalapeño, zonder zaadjes en fijngehakt

3 eetlepels olijfolie

zout

2 teentjes knoflook, fijngehakt

2 middelgrote tomaten, geschild, zonder zaadjes en in stukjes gesneden

1. Plaats een rooster in het midden van de oven. Verwarm de oven voor op 400 ° F. Vet een grote bakplaat in. Schik de paprika's op een snijplank. Houd de schacht in één hand en plaats de rand

van een groot, zwaar koksmes net voorbij de rand van het deksel. Snee. Draai de paprika 90° en snijd hem opnieuw. Herhaal, draai en knip de resterende twee zijden. Gooi de kern, de zaden en de stengel weg, deze zullen heel zijn. Snijd de vliezen door en schraap de zaden eruit.

2. Snijd de paprika's in de lengte in reepjes van 1 inch. Voeg de chilipeper toe aan de pan. Voeg olie en zout naar smaak toe en meng goed. Verdeel de paprika's in de pan.

3. Kook de paprika's gedurende 25 minuten. Voeg de knoflook en de tomaten toe en meng goed. Kook nog eens 20 minuten of tot de paprika's zacht zijn als je er met een mes in prikt. Heet opdienen.

Paprika's in Balsamico Azijn

Balsamico pepers

Maakt 6 porties

De zoetheid van de balsamicoazijn komt overeen met de zoetheid van de paprika's. Serveer warm met varkens- of lamskoteletjes of op kamertemperatuur met koude kip of gebraden varkensvlees.

6 grote rode paprika's

¹1/4 kop olijfolie

Zout en versgemalen zwarte peper

2 eetlepels balsamicoazijn

1. Plaats een rooster in het midden van de oven. Verwarm de oven voor op 400 ° F. Plaats de paprika's op een snijplank. Houd de schacht in één hand en plaats de rand van een groot, zwaar koksmes net voorbij de rand van het deksel. Snee. Draai de paprika 90° en snijd hem opnieuw. Herhaal, draai en knip de resterende twee zijden. Gooi de kern, de zaden en de stengel weg, deze zullen heel zijn. Snijd de vliezen door en schraap de zaden eruit.

2.Snijd de paprika's in reepjes van 1 inch. Doe ze in een grote, lage pan met de olie, zout en peper. Goed mengen. Kook de paprika's gedurende 30 minuten.

3.Voeg de azijn toe. Kook de paprika's nog eens 20 minuten of tot ze gaar zijn. Serveer warm of op kamertemperatuur.

Ingemaakte paprika's

Paprika's in Azijn

Maakt 2 pinten

De kleurrijke ingemaakte paprika's zijn heerlijk op de boterham of bij vleeswaren. Deze kunnen worden gebruikt om te makenPepersaus op Molise-stijl.

2 grote rode paprika's

2 grote gele paprika's

zout

2 kopjes witte wijnazijn

2 kopjes water

Snufje gehakte chilipeper

1. Schik de paprika's op een snijplank. Houd de schacht in één hand en plaats de rand van een groot, zwaar koksmes net voorbij de rand van het deksel. Snee. Draai de paprika 90° en snijd hem opnieuw. Herhaal, draai en knip de resterende twee zijden. Gooi de kern, de zaden en de stengel weg, deze zullen heel zijn. Snijd de vliezen door en schraap de zaden eruit. Snijd de paprika's in

de lengte in reepjes van 1 inch. Doe de paprika's in een vergiet op een bord en bestrooi met zout. Laat 1 uur uitlekken.

2. Meng in een niet-reactieve pan de azijn, het water en de gemalen rode peper. Aan de kook brengen. Haal van het vuur en laat iets afkoelen.

3. Spoel de paprika's af onder koud water en dep ze droog. Doe de paprika's in 2 gesteriliseerde potten van een halve liter. Giet het afgekoelde azijnmengsel erbij en sluit af. Laat 1 week voor gebruik op een koele, donkere plaats rusten.

Paprika's Met Amandelen

Paprika's Met Amandelen

Maakt 4 porties

Een oude vriendin van mijn moeder, wiens familie afkomstig was van Ischia, een klein eiland in de Golf van Napels, gaf haar dit recept. Ze serveerde het graag als lunch op sneetjes Italiaans brood, gebakken in olijfolie tot ze goudbruin waren.

2 rode en 2 gele paprika's

1 teentje knoflook, licht geplet

3 eetlepels olijfolie

2 middelgrote tomaten, geschild, zonder zaadjes en in stukjes gesneden

1/4 kopje water

2 eetlepels kappertjes

4 gehakte ansjovisfilets

4 ons geroosterde amandelen, grof gehakt

1. Schik de paprika's op een snijplank. Houd de schacht in één hand en plaats de rand van een groot, zwaar koksmes net voorbij de rand van het deksel. Snee. Draai de paprika 90° en snijd hem opnieuw. Herhaal, draai en knip de resterende twee zijden. Gooi de kern, de zaden en de stengel weg, deze zullen heel zijn. Snijd de vliezen door en schraap de zaden eruit.

2. Kook de knoflook in een grote pan in de olie op middelhoog vuur en druk er een of twee keer op met de achterkant van een lepel. Eenmaal lichtbruin, ongeveer 4 minuten, gooit u de knoflook weg.

3. Voeg de paprika's toe aan de pan. Kook, vaak roerend, tot het zacht is, ongeveer 15 minuten.

4. Voeg de tomaten en het water toe. Kook tot de saus dikker wordt, nog ongeveer 15 minuten.

5. Voeg de kappertjes, ansjovis en amandelen toe. Proef het zout. Kook nog 2 minuten. Laat het iets afkoelen voordat je het serveert.

Paprika's Met Tomaat En Ui

gestoofde paprika

Maakt 4 porties

Elke regio lijkt zijn eigen versie van peperonata te hebben. Sommigen voegen kappertjes, olijven, kruiden of ansjovis toe. Serveer het als bijgerecht of als saus bij gebraden varkensvlees of gegrilde vis.

4 rode of gele paprika's (of een mix)

2 middelgrote uien, in dunne plakjes gesneden

3 eetlepels olijfolie

3 grote tomaten, geschild, zonder zaadjes en grof gesneden

1 teentje knoflook fijngehakt

zout

1. Schik de paprika's op een snijplank. Houd de schacht in één hand en plaats de rand van een groot, zwaar koksmes net voorbij de rand van het deksel. Snee. Draai de paprika 90° en snijd hem opnieuw. Herhaal, draai en knip de resterende twee zijden. Gooi de kern, de zaden en de stengel weg, deze zullen heel zijn. Snijd

de vliezen door en schraap de zaden eruit. Snijd de paprika's in reepjes van 1/4 inch.

2. Kook de uien in een grote koekenpan op middelhoog vuur in olijfolie tot ze zacht en goudbruin zijn, ongeveer 10 minuten. Voeg de paprikareepjes toe en kook nog eens 10 minuten.

3. Voeg de tomaten, knoflook en zout naar smaak toe. Dek af en kook gedurende 20 minuten, of tot de paprika gaar is als je er met een mes in prikt. Als er te veel vloeistof over is, haal deze dan los en kook tot de saus ingedikt en ingekookt is. Serveer warm of op kamertemperatuur.

Gevulde paprika's

Gevulde paprika's

Voor 4 tot 8 porties

Mijn oma maakte ze altijd in de zomer. Ik kookte ze 's ochtends in een grote zwarte koekenpan en tegen lunchtijd waren ze precies de juiste temperatuur om met gesneden brood te serveren.

½ kopje natuurlijk gedroogd broodkruim gemaakt van Italiaans of Frans brood

1/3 kop vers geraspte Pecorino Romano of Parmigiano-Reggiano

1/4 kop gehakte verse peterselie

1 teentje knoflook fijngehakt

Zout en versgemalen zwarte peper

Ongeveer een half kopje olijfolie

8 lange lichtgroene Italiaanse paprika's om te bakken

3 kopjes gepelde, gezaaide, gehakte verse tomaten of 1 (28 ounce) blik geplette tomaten

6 verse basilicumblaadjes, in stukjes gesneden

1. Meng in een kom het paneermeel, de kaas, de peterselie, de knoflook, het zout en de peper naar smaak. Voeg 3 eetlepels olie toe, of genoeg om de kruimels gelijkmatig te bevochtigen.

2. Snijd de bovenkant van de paprika's en verwijder de zaadjes. Giet het paneermeelmengsel over de paprika's, laat ongeveer 2,5 cm ruimte aan de bovenkant vrij. Doe de paprika's niet te vol, anders zal de vulling tijdens het koken uitlekken.

3. Verhit in een grote koekenpan 1/4 kopje olie op middelhoog vuur tot een stuk peper in de pan sist. Voeg voorzichtig de paprika's toe met een tang. Kook, af en toe draaiend met een tang, tot het aan alle kanten bruin is, ongeveer 20 minuten.

4. Giet de tomaten, basilicum, zout en peper naar smaak rond de paprika's. Aan de kook brengen. Dek af en kook, waarbij u de paprika's een of twee keer draait, tot ze gaar zijn, ongeveer 15 minuten. Als de saus te veel uitdroogt, voeg dan een beetje water toe. Ontdek en kook tot de saus dik is, nog ongeveer 5 minuten. Serveer warm of op kamertemperatuur.

Napolitaanse Gevulde Paprika's

Paprika's op granny-stijl

Maakt 6 porties

Terwijl Sicilianen talloze manieren hebben om aubergines te koken, hebben Napolitanen dezelfde creativiteit met paprika. Dit is weer een typisch Napolitaans recept dat mijn grootmoeder altijd maakte.

2 middelgrote aubergines (elk ongeveer 1 pond)

6 grote rode, gele of groene paprika's, in reepjes van ½ inch gesneden

½ kopje plus 3 eetlepels olijfolie

3 middelgrote tomaten, geschild, zonder zaadjes en in stukjes gesneden

¾ kopje zachte, ontpitte, gehakte zwarte olijven in olie, zoals Gaeta

6 ansjovisfilets fijngesneden

3 eetlepels kappertjes, afgespoeld en uitgelekt

1 groot teentje knoflook, gepeld en fijngehakt

3 eetlepels gehakte verse peterselie

Vers gemalen zwarte peper

½ kopje plus 1 eetlepel paneermeel

1. Schil de aubergines en snijd ze in blokjes van ¾ inch. Doe de stukken in een vergiet en bestrooi elke laag met zout. Plaats het vergiet op een bord en laat het 1 uur uitlekken. Spoel de aubergines af en droog ze met absorberend papier.

2. Verhit in een grote koekenpan 1/2 kopje olie op middelhoog vuur. Voeg de aubergine toe en kook, af en toe roerend, tot ze gaar zijn, ongeveer 10 minuten.

3. Voeg de tomaten, olijven, ansjovis, kappertjes, knoflook, peterselie en peper naar smaak toe. Breng aan de kook en kook nog eens 5 minuten. Voeg 1/2 kopje broodkruimels toe en haal van het vuur.

4. Plaats een rooster in het midden van de oven. Verwarm de oven voor op 450 ° F. Vet een bakvorm in die groot genoeg is om de paprika's rechtop te houden.

5. Verwijder de steeltjes van de paprika's en verwijder de zaadjes en witte vliezen. Vul de paprika's met het auberginemengsel. Plaats de paprika's in de voorbereide pan. Bestrooi met de resterende 1 eetlepel paneermeel en besprenkel met de resterende 3 eetlepels olie.

6. Giet 1 kopje water rond de paprika's. Bak gedurende 1 uur en 15 minuten of tot de paprika's heel zacht en lichtbruin zijn. Serveer warm of op kamertemperatuur.

Gevulde Paprika's Ada Boni Stijl

Gevulde Paprika's Ada Boni Stijl

Voor 4 tot 8 porties

Ada Boni was een beroemde Italiaanse voedselschrijver en auteur van talloze kookboeken. Zijn Regionale Italiaanse keuken is een klassieker en een van de eerste boeken over dit onderwerp die in het Engels is vertaald. Dit recept is overgenomen uit het hoofdstuk Sicilië.

4 middelgrote rode of gele paprika's

1 kop geroosterd broodkruim

4 eetlepels rozijnen

1/2 kop zachte zwarte olijven, gehakt en ontpit

6 gehakte ansjovisfilets

2 eetlepels gehakte verse basilicum

2 eetlepels kappertjes, afgespoeld, uitgelekt en fijngehakt

¼ kopje plus 2 eetlepels olijfolie

1 kopje Siciliaanse tomatensaus

1. Plaats een rooster in het midden van de oven. Verwarm de oven voor op 375 ° F. Vet een ovenschaal van 13 x 9 x 2 inch in.

2. Snijd de paprika's met een groot, zwaar koksmes in de lengte doormidden. Snijd de stengels, zaden en witte vliezen af.

3. Meng in een grote kom het broodkruim, de rozijnen, de olijven, de ansjovis, het basilicum, de kappertjes en een kwart kopje olie. Proef en pas de smaak aan. (Zout is waarschijnlijk niet nodig.)

4. Giet het mengsel in de paprikahelften. Bestrijk met de saus. Bak 50 minuten of tot de paprika's heel zacht zijn als je er met een mes in prikt. Serveer warm of op kamertemperatuur.

Gebakken paprika's

Peper Omelet

Voor 6 tot 8 porties

Knapperig en zoet, deze zijn moeilijk te weerstaan. Serveer ze met een tortilla of ander gekookt vlees.

4 grote rode of gele paprika's

1/2 kopje bloem voor alle doeleinden

zout

1. Schik de paprika's op een snijplank. Houd de schacht in één hand en plaats de rand van een groot, zwaar koksmes net voorbij de rand van het deksel. Snee. Draai de paprika 90° en snijd hem opnieuw. Herhaal, draai en knip de resterende twee zijden. Gooi de kern, de zaden en de stengel weg, deze zullen heel zijn. Snijd de vliezen door en schraap de zaden eruit. Snijd de paprika's in reepjes van 1/4 inch.

2. Verhit ongeveer 5 cm olie in een diepe pan tot de temperatuur 375 ° F bereikt op een frituurthermometer.

3. Bekleed een dienblad met papieren handdoeken. Doe de bloem in een ondiepe kom. Haal de paprikareepjes door de bloem en klop het overtollige eruit.

4. Voeg geleidelijk de paprikareepjes toe aan de hete olie. Bak tot ze goudbruin en zacht zijn, ongeveer 4 minuten. Laat uitlekken op absorberend papier. Bak de rest in porties, op dezelfde manier. Breng op smaak met zout en serveer onmiddellijk.

Gebakken Paprika Met Courgettes En Munt

Gebakken paprika en courgette

Maakt 6 porties

Hoe langer het staat, hoe lekkerder het smaakt, dus bereid het vroeg in de ochtend voor een latere maaltijd.

1 rode paprika

1 gele paprika

2 eetlepels olijfolie

4 kleine courgettes, in plakjes van 1/4 inch gesneden

zout

2 eetlepels witte wijnazijn

2 teentjes knoflook, heel fijn gesneden

2 eetlepels gehakte verse munt

1/2 theelepel gedroogde oregano

Snufje gehakte chilipeper

1. Schik de paprika's op een snijplank. Houd de schacht in één hand en plaats de rand van een groot, zwaar koksmes net voorbij de rand van het deksel. Snee. Draai de paprika 90° en snijd hem opnieuw. Herhaal, draai en knip de resterende twee zijden. Gooi de kern, de zaden en de stengel weg, deze zullen heel zijn. Snijd de vliezen door en schraap de zaden eruit. Snijd de paprika's in reepjes van 1 inch.

2. Verhit de olie in een grote koekenpan op middelhoog vuur. Voeg de paprika's toe en kook al roerend gedurende 10 minuten.

3. Voeg de courgettes en zout naar smaak toe. Kook, vaak roerend, tot de courgette gaar is, ongeveer 15 minuten.

4. Terwijl de groenten koken, klop je in een middelgrote kom de azijn, knoflook, kruiden, chilipeper en zout naar smaak door elkaar.

5. Voeg de paprika's en courgettes toe. Laat rusten tot de groenten op kamertemperatuur zijn. Proef en pas de smaak aan.

Terrine van geroosterde paprika en aubergines

Formaat paprika en aubergine

Voor 8 tot 12 porties

Dit is een bijzondere en mooie terrine van gelaagde paprika, aubergine en kruiden. De sappen van de paprika's geleren na het afkoelen een beetje en houden de kom bij elkaar. Serveer het als voorgerecht of als bijgerecht bij gegrild vlees.

4 grootrode pepers, geroosterd en geschild

2 grote aubergines (elk ongeveer 1½ pond)

zout

Olijfolie

¹1/2 kop gehakte verse basilicumblaadjes

4 grote teentjes knoflook, gepeld, zonder zaadjes en fijngehakt

¹1/4 kopje rode wijnazijn

Vers gemalen zwarte peper

1. Bereid indien nodig paprika's voor. Schil de aubergines en snijd ze in de lengte in plakjes van 1/4 inch dik. Leg de plakjes in een vergiet en bestrooi elke laag met zout. Laat minimaal 30 minuten rusten.

2. Verwarm de oven voor op 450 ° F. Bestrijk twee grote gelatinevormen met olie.

3. Spoel de aubergineplakken af met koud water en droog ze met absorberend papier. Verdeel de aubergines in één laag in de vormpjes. Bestrijk met olie. Kook de aubergines ongeveer 10 minuten, tot ze licht goudbruin zijn aan de oppervlakte. Draai de stukken met een tang en kook nog ongeveer 10 minuten of tot ze zacht en lichtbruin zijn.

4. Laat de paprika's uitlekken en snijd ze in reepjes van 1 inch.

5. Bekleed een bakvorm van 8 x 4 x 3 inch met plasticfolie. Leg een laag aubergineplakken op de bodem van de pan, zodat ze iets overlappend zijn. Leg de geroosterde paprika's op de aubergine. Bestrooi met wat basilicum, knoflook, azijn, olie en zout en peper naar smaak. Ga door met het aanbrengen van laagjes en druk elke laag stevig aan, totdat alle ingrediënten zijn gebruikt. Dek af met vershoudfolie en weeg de inhoud met een tweede

bakplaat gevuld met zware mallen. Bewaar in de koelkast gedurende minimaal 24 uur of maximaal 3 dagen.

6. Om te serveren haalt u de terrine eruit en keert u deze om op een serveerschaal. Verwijder voorzichtig de plasticfolie. Snij de terrine in dikke plakken. Serveer koud of op kamertemperatuur.

zoetzure aardappelen

Zoetzure Aardappelen

Voor 6 tot 8 porties

Dit is een aardappelsalade in Siciliaanse stijl die op kamertemperatuur geserveerd kan worden met gegrilde karbonades, kip of worst.

2 pond universele aardappelen, zoals Yukon Gold

1 ui

2 eetlepels olijfolie

1 kopje ontpitte zachte zwarte olijven, zoals Gaeta

2 eetlepels kappertjes

Zout en versgemalen zwarte peper

2 eetlepels witte wijnazijn

2 eetlepels suiker

1. Boen de aardappelen met een borstel onder koud stromend water. Schil ze als je wilt. Snijd de aardappelen doormidden of in

vieren als ze groot zijn. Kook de ui in een grote koekenpan in de olie tot ze zacht en goudbruin is, ongeveer 10 minuten.

2. Voeg de aardappelen, olijven, kappertjes, zout en peper naar smaak toe. Voeg 1 kopje water toe en breng aan de kook. Kook 15 minuten.

3. Klop in een kleine kom de azijn en de suiker door elkaar en voeg toe aan de pan. Ga door met koken tot de aardappelen gaar zijn, ongeveer 5 minuten. Haal van het vuur en laat volledig afkoelen. Serveer op kamertemperatuur.

Aardappelen Met Balsamico Azijn

Balsamico Aardappelen

Maakt 6 porties

Rode ui en balsamicoazijn geven deze aardappelen smaak. Ze zijn ook goed op kamertemperatuur.

2 pond universele aardappelen, zoals Yukon Gold

2 eetlepels olijfolie

1 grote rode ui, gehakt

2 eetlepels water

Zout en versgemalen zwarte peper

2 eetlepels balsamicoazijn

1. Boen de aardappelen met een borstel onder koud stromend water. Schil ze als je wilt. Snijd de aardappelen doormidden of in vieren als ze groot zijn.

2. Verhit de olie in een middelgrote pan op middelhoog vuur. Voeg de aardappelen, ui, water, zout en peper naar smaak toe. Dek de

pan af en zet het vuur laag. Kook 20 minuten of tot de aardappelen gaar zijn.

3. Haal het deksel van de pan en voeg de azijn toe. Kook tot het grootste deel van de vloeistof verdampt, ongeveer 5 minuten. Serveer warm of op kamertemperatuur.

Tonijnspiesje met Sinaasappel

Tonijn spiesjes

Maakt 4 porties

Elk voorjaar komen Siciliaanse vissers bijeen voor de mattanza, de tonijnslachting. Bij deze rituele vismarathon zijn talloze kleine boten betrokken, gevuld met mannen die de migrerende tonijn in een reeks kleinere en kleinere netten hoeden totdat ze vast komen te zitten. De enorme vissen worden vervolgens gedood en aan boord van de boten gebracht. Het proces is moeizaam en terwijl ze werken, zingen de mannen speciale liederen die historici dateren uit de Middeleeuwen of zelfs eerder. Hoewel deze praktijk op de rand van uitsterven staat, zijn er nog steeds enkele locaties langs de noord- en westkust waar de slachting plaatsvindt.

Sicilianen hebben talloze manieren om tonijn te koken. In dit geval luidt de geur van gegrilde sinaasappel en aromatische kruiden de uitnodigende smaak van stukjes stevig visvlees in.

1½ pond verse tonijn-, zwaardvis- of zalmfilets (ongeveer 2,5 cm dik)

1 navelsinaasappel, in 16 stukjes gesneden

1 kleine rode ui, in 16 stukken gesneden

2 eetlepels olijfolie

2 eetlepels vers citroensap

1 eetlepel gehakte verse rozemarijn

Zout en versgemalen zwarte peper

6-8 laurierblaadjes

1. Snijd de tonijn in stukken van 1½ inch. Meng in een grote kom de stukjes tonijn, sinaasappel en rode ui met de olijfolie, citroensap, rozemarijn, zout en peper naar smaak.

2. Plaats de barbecue of grill ongeveer 15 centimeter van de warmtebron. Verwarm de grill of grill voor.

3. Rijg de tonijn, stukjes sinaasappel, ui en laurierblaadjes afwisselend aan 8 spiesjes.

4. Grill of bak tot de tonijn goudbruin is, ongeveer 3 tot 4 minuten. Draai de spiesjes om en bak tot ze goudbruin zijn aan de buitenkant, maar nog steeds roze in het midden, ongeveer 2 minuten langer, of tot ze gaar zijn naar wens. Heet opdienen.

Gegrilde tonijn en paprika in Molisana-stijl

Tonijn en Paprika

Maakt 4 porties

Paprika's en pepers zijn een van de onderscheidende kenmerken van de Molise-keuken. Ik heb dit gerecht in eerste instantie bereid met makreel, die lijkt op makreel, maar ik bereid het vaak met tonijn- of zwaardvisfilets.

4 rode of gele paprika's

4 tonijnsteaks (elk ongeveer ¾ inch dik)

2 eetlepels olijfolie

Zout en versgemalen zwarte peper

1 eetlepel vers citroensap

2 eetlepels gehakte verse peterselie

1 kleine jalapeño of andere verse chilipeper, fijngehakt of gehakt naar smaak

1 teentje knoflook fijngehakt

1. Plaats de grill of grill ongeveer 5 centimeter van de warmtebron. Bereid een middelhoog vuur op een grill of verwarm de grill voor.

2. Grill of rooster de paprika's, draai ze regelmatig, tot de schil blaren vertoont en licht verkoold is, ongeveer 15 minuten. Doe de paprika's in een kom en dek ze af met aluminiumfolie of huishoudfolie.

3. Bestrijk de tonijnfilets met olie en zout en peper naar smaak. Grill of bak de vis tot hij aan één kant bruin is, ongeveer 2 minuten. Draai de vis om met een tang en bak tot hij bruin is aan de andere kant, maar nog steeds roze in het midden, ongeveer 2 minuten langer, of tot hij naar wens gaar is. Controleer de gaarheid door een klein sneetje in het dikste deel van de vis te maken.

4. Paprika's schoonmaken, schillen en zaadlijsten verwijderen. Snij de paprika's in reepjes van een halve centimeter en doe ze in een kom. Breng op smaak met 2 eetlepels olie, citroensap, peterselie, chilipeper, knoflook en zout naar smaak. Meng voorzichtig.

5. Snijd de vis in plakjes van 1/2 inch. Schik de plakjes enigszins overlappend op een serveerschaal. Giet de paprika's eroverheen. Heet opdienen.

Gegrilde Tonijn Met Citroen En Oregano

Gegrilde tonijn

Maakt 4 porties

De eerste keer dat ik Sicilië bezocht, in 1970, waren er niet veel restaurants; degenen die bestonden leken allemaal hetzelfde menu te serveren. Ik heb voor vrijwel elke lunch en diner tonijn- of zwaardvisfilets gegeten die op deze manier zijn bereid. Gelukkig was hij altijd goed voorbereid. Sicilianen snijden visfilets van slechts een halve centimeter dik, maar ik heb liever dat ze 2,5 cm dik zijn, zodat ze niet te gemakkelijk koken. Tonijn is op zijn best, vochtig en mals, wanneer hij wordt gekookt tot het midden rood of roze kleurt, terwijl zwaardvis lichtroze moet zijn. Omdat het kraakbeen mals moet zijn, kan de haai iets langer worden gekookt.

4 tonijn-, zwaardvis- of haaifilets, ongeveer 2,5 cm dik

Olijfolie

Zout en versgemalen zwarte peper

1 eetlepel vers geperst citroensap

1/2 theelepel gedroogde oregano

1. Plaats een barbecue of grill ongeveer 15 centimeter van de warmtebron. Verwarm de grill of grill voor.

2. Bestrijk de filets royaal met olie en voeg naar smaak peper en zout toe.

3. Grill de vis tot hij aan één kant lichtbruin is, 2 tot 3 minuten. Draai de vis om en kook tot hij lichtbruin is maar nog steeds roze van binnen, ongeveer 2 minuten langer, of tot hij naar wens gaar is. Controleer de gaarheid door een klein sneetje in het dikste deel van de vis te maken.

4. Meng in een kleine kom 3 eetlepels olijfolie, citroensap, oregano en zout en peper naar smaak. Giet het citroensapmengsel over de tonijnfilets en serveer onmiddellijk.

Krokant gegrilde tonijnsteaks

Gegrilde tonijn

Maakt 4 porties

Het paneermeel vormt een lekker knapperig laagje op deze visfilets.

4 tonijn- of zwaardvisfilets (1 inch dik)

¾ kopje droog broodkruimels

1 eetlepel gehakte verse peterselie

1 eetlepel gehakte verse munt of 1 theelepel gedroogde oregano

Zout en versgemalen zwarte peper

4 eetlepels olijfolie

Schijfjes citroen

1. Verwarm de grill voor. De pan invetten. Meng in een kom het paneermeel, de peterselie, de munt, het zout en de peper naar smaak. Voeg 3 eetlepels olie toe of voldoende om de kruimels te bevochtigen.

2. Schik de visfilets in de pan. Verdeel de helft van het paneermeel over de vis en klop erop.

3. Grill de steaks op ongeveer 15 cm van het vuur gedurende 3 minuten of tot de kruimels goudbruin zijn. Draai de filets voorzichtig om met een metalen spatel en bestrooi ze met de rest van de kruimels. Kook nog eens 2 tot 3 minuten of tot het midden nog roze is of tot het naar wens gaar is. Controleer de gaarheid door een klein sneetje in het dikste deel van de vis te maken.

4. Besprenkel met de resterende eetlepel olie. Serveer warm, met partjes citroen.

Gestoofde tonijn met rucolapesto

Tonijn met pesto

Maakt 4 porties

De pittige smaak van rucola en de heldere smaragdgroene kleur van deze saus passen perfect bij verse tonijn of zwaardvis. Dit gerecht is ook lekker op kamertemperatuur.

4 tonijnsteaks van ongeveer 2,5 cm dik

Olijfolie

Zout en versgemalen zwarte peper

Rucola-pesto

1 bosje rucola, gewassen en gesteeld (ongeveer 2 kopjes licht verpakt)

1/2 kopje licht gecomprimeerde verse basilicum

2 teentjes knoflook

1/2 kopje olijfolie

Zout en versgemalen zwarte peper

1. Wrijf de vis in met een scheutje olie, zout en peper naar smaak. Dek af en zet in de koelkast tot het klaar is om te koken.

2. Om de pesto te maken: Meng de rucola, basilicum en knoflook in een keukenmachine en mix tot ze fijngehakt zijn. Voeg langzaam de olie toe en verwerk tot een gladde massa. Voeg zout en peper naar smaak toe. Dek af en laat 1 uur rusten bij kamertemperatuur.

3. Verhit 1 eetlepel olie in een grote koekenpan met anti-aanbaklaag op middelhoog vuur. Voeg de plakjes tonijn toe en kook 2 tot 3 minuten aan elke kant of tot ze goudbruin zijn aan de buitenkant maar nog steeds roze in het midden, of tot ze naar wens gaar zijn. Controleer de gaarheid door een klein sneetje in het dikste deel van de vis te maken.

4. Serveer de tonijn warm of op kamertemperatuur, gekruid met de rucolapesto.

Tonijnstoofpot en cannellinibonen

Tonijn Stoofpot

Maakt 4 porties

Tijdens de winter heb ik de neiging om meer vlees te koken dan zeevruchten, omdat vlees bevredigender lijkt als het koud is. Een uitzondering hierop is deze stoofpot van bonen en verse, vlezige tonijnfilets. Het heeft alle kwaliteiten van ribben en de goede smaak van een bonenstoofpot, maar zonder het vlees, waardoor het perfect is voor degenen die de voorkeur geven aan vleesloze maaltijden.

2 eetlepels olijfolie

1 1/2 pond verse tonijn (1 inch dik), in stukjes van 1 1/2 inch gesneden

Zout en versgemalen zwarte peper naar smaak.

1 grote rode of groene paprika, in kleine stukjes gesneden

1 kopje gepelde tomaten uit blik, uitgelekt en gehakt

1 groot teentje knoflook, fijngehakt

6 verse basilicumblaadjes, in stukjes gesneden

1 blik (16 ounces) cannellinibonen, gespoeld en uitgelekt, of 2 kopjes gekookte gedroogde bonen

1. Verhit de olie in een grote koekenpan op middelhoog vuur. Droog de stukken tonijn met absorberend papier. Als de olie heet is, voeg je de stukken tonijn toe zonder de pan te verdringen. Kook tot de stukken aan de buitenkant lichtbruin zijn, ongeveer 6 minuten. Doe de tonijn op een bord. Bestrooi met zout en peper.

2. Voeg de paprika toe aan de pan en kook, af en toe roerend, tot hij bruin begint te worden, ongeveer 10 minuten. Voeg de tomaat, knoflook, basilicum, zout en peper toe. Aan de kook brengen. Voeg de bonen toe, dek af en zet het vuur laag. Kook gedurende 10 minuten.

3. Voeg de tonijn toe en kook tot de tonijn lichtroze is in het midden, nog ongeveer 2 minuten, of tot hij naar wens gaar is. Controleer de gaarheid door een klein sneetje in het dikste deel van de vis te maken. Heet opdienen.

Siciliaanse zwaardvis met uien

Viszwaard in Sfinciuni

Maakt 4 porties

Siciliaanse chef-koks bereiden een heerlijke pizza genaamd sfinciuni, een woord afgeleid van het Arabisch dat 'licht' of 'luchtig' betekent. De pizza heeft een dikke maar lichte rand en wordt belegd met ui, ansjovis en tomatensaus. Het traditionele zwaardvisrecept komt van die pizza.

3 eetlepels olijfolie

1 middelgrote ui, in dunne plakjes gesneden

4 gehakte ansjovisfilets

1 kop verse tomaten, geschild, zonder zaadjes en gehakt, of tomaten uit blik, uitgelekt en gehakt

Een snufje gedroogde, verkruimelde oregano

Zout en versgemalen zwarte peper naar smaak.

4 zwaardvisfilets, ongeveer ½ centimeter dik

2 eetlepels droog broodkruim

1. Giet 2 eetlepels olie in een middelgrote koekenpan. Voeg de ui toe en kook tot hij zacht is, ongeveer 5 minuten. Voeg de ansjovis toe en kook nog 5 minuten of tot ze zeer gaar zijn. Voeg de kerstomaatjes, oregano, zout en peper toe en kook gedurende 10 minuten.

2. Plaats een rooster in het midden van de oven. Verwarm de oven voor op 180 ° C. Vet een bakplaat in die groot genoeg is om de vis in één laag te houden.

3. Droog de zwaardvisfilets. Leg ze in de voorbereide pan. Bestrooi met zout en peper. Giet de saus met een lepel. Meng het paneermeel met de resterende eetlepel olie. Strooi kruimels over de saus.

4. Kook gedurende 10 minuten of tot de vis in het midden lichtroze is. Controleer de gaarheid door een klein sneetje in het dikste deel van de vis te maken. Heet opdienen.

Venetiaanse aardappelen

Aardappelen op Venetiaanse wijze

Maakt 4 porties

Hoewel ik voor de meeste maaltijden Yukon Gold-aardappelen gebruik, zijn er nog veel andere goede variëteiten verkrijgbaar, vooral op boerenmarkten, en ze voegen variatie toe aan aardappelgerechten. Finse gele aardappelen zijn geweldig om te braden en bakken, terwijl Russische rode aardappelen geweldig zijn in salades. Hoewel ze vreemd lijken, kunnen blauwe aardappelen ook heel lekker zijn.

1 1/4 pond aardappelen voor alle doeleinden, zoals Yukon Gold

2 eetlepels ongezouten boter

1 eetlepel olijfolie

1 middelgrote ui gehakt

Zout en versgemalen zwarte peper

2 eetlepels gehakte verse peterselie

1. Boen de aardappelen met een borstel onder koud stromend water. Schil ze als je wilt. Snijd de aardappelen doormidden of in vieren als ze groot zijn. Smelt de boter met de olie in een grote koekenpan op middelhoog vuur. Voeg de ui toe en kook tot hij zacht is, ongeveer 5 minuten.

2. Voeg de aardappelen en zout en peper naar smaak toe. Dek de pan af en kook, af en toe roerend, ongeveer 20 minuten, of tot de aardappelen gaar zijn.

3. Voeg de peterselie toe en meng goed. Heet opdienen.

Gefrituurde aardappelen".

Springtrap

Maakt 4 porties

Als je bij een Italiaans restaurant friet bestelt, krijg je dit. De aardappelen worden licht krokant aan de buitenkant en zacht en romig aan de binnenkant. Ze worden "gebakken" aardappelen genoemd omdat ze vaak moeten worden geroerd of gebakken.

1 1/4 pond aardappelen voor alle doeleinden, zoals Yukon Gold

1/4 kop olijfolie

Zout en versgemalen zwarte peper

1. Boen de aardappelen met een borstel onder koud stromend water. Schil de aardappelen. Snijd ze in stukjes van 1 inch.

2. Giet olie in een koekenpan van 9 inch. Zet de pan op middelhoog vuur tot de olie erg heet wordt en een stukje aardappel sist als je het toevoegt.

3. Droog de aardappelen goed af met absorberend papier. Voeg de aardappelen toe aan de hete olie en kook gedurende 2 minuten. Draai de aardappelen om en kook nog 2 minuten. Blijf koken en

draai de aardappelen elke 2 minuten of tot ze aan alle kanten lichtbruin zijn, in totaal ongeveer 10 minuten.

4.Voeg zout en peper naar smaak toe. Dek de pan af en kook, af en toe roerend, tot de aardappelen gaar zijn als je er met een mes in prikt, ongeveer 5 minuten. Serveer onmiddellijk.

Variatie: Aardappelen met knoflook en kruiden: voeg in stap 4 2 teentjes gehakte knoflook en een lepel gehakte verse rozemarijn of salie toe.

Gebakken Aardappelen En Paprika's

Aardappelen en paprika's in een pan

Maakt 6 porties

Paprika, knoflook en chilipepers geven smaak aan dit smakelijke roerbakgerecht.

1 1/4 pond aardappelen voor alle doeleinden, zoals Yukon Gold

4 eetlepels olijfolie

2 grote rode of gele paprika's, in stukken van 1 inch gesneden

zout

1/4 kop gehakte verse peterselie

2 grote teentjes knoflook

Snufje gehakte chilipeper

1. Boen de aardappelen met een borstel onder koud stromend water. Schil de aardappelen en snijd ze in stukken van 1 inch.

2. Verhit 2 eetlepels olie in een grote koekenpan op middelhoog vuur. Droog de aardappelen goed af met absorberend papier en

plaats ze in de pan. Kook, onder af en toe roeren van de aardappelen, tot ze bruin beginnen te worden, ongeveer 10 minuten. Bestrooi met zout. Dek de pan af en kook 10 minuten.

3. Terwijl de aardappelen koken, verwarm je in een andere koekenpan de resterende 2 eetlepels olie op middelhoog vuur. Voeg de paprika en zout naar smaak toe. Kook, af en toe roerend, tot de paprika's bijna gaar zijn, ongeveer 10 minuten.

4. Roer de aardappelen erdoor en voeg dan de paprika toe. Voeg de peterselie, knoflook en gehakte chili toe. Kook tot de aardappelen gaar zijn, ongeveer 5 minuten. Heet opdienen.

Aardappelpuree Met Peterselie En Knoflook

Aardappelpuree Met Knoflook En Peterselie

Maakt 4 porties

Aardappelpuree krijgt de Italiaanse behandeling met peterselie, knoflook en olijfolie. Als je van pittige aardappelen houdt, voeg dan een flinke snuf gemalen rode peper toe.

1 1/4 pond aardappelen voor alle doeleinden, zoals Yukon Gold

zout

1/4 kop olijfolie

1 groot teentje knoflook, fijngehakt

1 eetlepel gehakte verse peterselie

Vers gemalen zwarte peper

1. Boen de aardappelen met een borstel onder koud stromend water. Schil de aardappelen en snijd ze in vieren. Doe de aardappelen in een middelgrote pan met koud water en zout naar smaak. Dek af en breng aan de kook. Kook gedurende 15 minuten of tot de aardappelen gaar zijn als u er met een mes in prikt. Giet de aardappelen af, bewaar een beetje water.

2. Droog de pan waarin de aardappelen gekookt zijn. Voeg 2 eetlepels olie en de knoflook toe en kook op middelhoog vuur tot de knoflook geurig is, ongeveer 1 minuut. Voeg de aardappelen en peterselie toe aan de pan. Pureer de aardappelen met een aardappelstamper of een vork en meng ze goed met de knoflook en peterselie. Voeg de resterende olie, zout en peper naar smaak toe. Voeg indien nodig een beetje kookwater toe. Serveer onmiddellijk.

Variatie: Aardappelpuree met Olijven: Voeg vlak voor het serveren 2 eetlepels gehakte zwarte of groene olijven toe.

Nieuwe aardappelen met kruiden en spek

Aromatische kruidenchips

Maakt 4 porties

Nieuwe aardappelen zijn op deze manier heerlijk gekookt. (Nieuwe aardappelen zijn geen variëteit. Elke vers gegraven aardappel met een dunne schil kan een nieuwe aardappel worden genoemd.) Als er geen nieuwe aardappelen beschikbaar zijn, gebruik dan een universele aardappel.

1 1/4 pond kleine nieuwe aardappelen

2 ons gesneden spek, in blokjes gesneden

1 middelgrote ui gehakt

2 eetlepels olijfolie

1 teentje knoflook fijngehakt

6 verse basilicumblaadjes, in stukjes gesneden

1 theelepel gehakte verse rozemarijn

1 laurierblad

Zout en versgemalen zwarte peper

1. Boen de aardappelen met een borstel onder koud stromend water. Schil ze als je wilt. Snijd de aardappelen in stukken van 1 inch.

2. Meng spek, ui en olijfolie in een grote koekenpan. Kook op middelhoog vuur tot het zacht is, ongeveer 5 minuten.

3. Voeg de aardappelen toe en kook, af en toe roerend, gedurende 10 minuten.

4. Voeg knoflook, basilicum, rozemarijn, laurierblaadjes en zout en peper naar smaak toe. Dek de pan af en kook nog eens 20 minuten, af en toe roerend, tot de aardappelen zacht zijn als je er met een vork in prikt. Voeg een beetje water toe als de aardappelen te snel bruin beginnen te worden.

5. Verwijder het laurierblad en serveer warm.

Aardappelen Met Tomaat En Ui

Pizzaiola "Aardappelen

Voor 6 tot 8 porties.

Gepofte aardappelen met pizzasmaak zijn typisch voor Napels en andere zuidelijke gebieden.

2 pond universele aardappelen, zoals Yukon Gold

2 grote tomaten, geschild, zonder zaadjes en in stukjes gesneden

2 middelgrote uien, in plakjes gesneden

1 teentje knoflook fijngehakt

1/2 theelepel gedroogde oregano

1/4 kop olijfolie

Zout en versgemalen zwarte peper

1. Verwarm de oven voor op 450 ° F. Schrob de aardappelen met een borstel onder koud stromend water. Schil ze als je wilt. Snijd de aardappelen in stukken van 1 inch. Meng de aardappelen, tomaten, uien, knoflook, oregano, olie, zout en peper naar smaak

in een ovenschaal die groot genoeg is om de ingrediënten in één laag te bewaren. Verdeel de ingrediënten gelijkmatig in de pan.

2.Plaats een rooster in het midden van de oven. Rooster de groenten, 2 of 3 keer roerend, gedurende 1 uur of tot de aardappelen gaar zijn. Heet opdienen.

Geroosterde Aardappelen Met Knoflook En Rozemarijn

Gebakken aardappels

Maakt 4 porties

Ik kan nooit genoeg krijgen van deze knapperige aardappelen. Niemand kan hem weerstaan. De truc om ze te maken is om een pan te gebruiken die groot genoeg is, zodat de aardappelstukjes elkaar nauwelijks raken en niet op elkaar worden gestapeld. Als uw bakvorm niet groot genoeg is, gebruik dan een jelly roll-pan van 15 x 10 x 1 inch of gebruik twee kleinere pannen.

2 pond universele aardappelen, zoals Yukon Gold

1 1/4 kop olijfolie

1 eetlepel gehakte verse rozemarijn

Zout en versgemalen zwarte peper

2 teentjes knoflook fijngehakt

1. Plaats een rooster in het midden van de oven. Verwarm de oven voor op 400 ° F. Schrob de aardappelen met een borstel onder koud stromend water. Schil ze als je wilt. Snijd de aardappelen in

stukken van 1 inch. Droog de aardappelen met absorberend papier. Plaats ze in een ovenschaal die groot genoeg is om de aardappelen in één laag te houden. Besprenkel met olie en breng op smaak met rozemarijn, zout en peper. Verdeel de aardappelen gelijkmatig.

2. Rooster de aardappelen, roer elke 15 minuten, gedurende 45 minuten. Voeg de knoflook toe en kook nog eens 15 minuten of tot de aardappelen gaar zijn. Heet opdienen.

Geroosterde Aardappelen Met Champignons

Gebakken Aardappelen En Champignons

Maakt 6 porties

De aardappelen nemen een deel van de champignon- en knoflooksmaak op terwijl ze in dezelfde pan worden geroosterd.

½ pond aardappelen voor alle doeleinden, zoals Yukon Gold

1 pond champignons, welk type dan ook, gehalveerd of in vieren gesneden als ze groot zijn

1/4 kop olijfolie

2 of 3 teentjes knoflook, in dunne plakjes gesneden

Zout en versgemalen zwarte peper

2 eetlepels gehakte verse peterselie

1. Plaats een rooster in het midden van de oven. Verwarm de oven voor op 400 ° F. Schrob de aardappelen met een borstel onder koud stromend water. Schil ze als je wilt. Snijd de aardappelen in stukken van 1 inch. Doe de aardappelen en champignons in een grote ovenschaal. Breng de groenten op smaak met olie, knoflook en een flinke snuf peper en zout.

2.Rooster de groenten 15 minuten. Gooi ze goed. Kook nog eens 30 minuten, af en toe roerend, of tot de aardappelen gaar zijn. Bestrooi met gehakte peterselie en serveer warm.

Aardappelen en bloemkool op Basilicata-stijl

Gebakken Aardappelen En Bloemkool

Voor 4 tot 6 personen

Plaats een dienblad met gebakken aardappelen en bloemkool naast een gebraden varkensvlees of kip voor een geweldig zondagsdiner. De groenten moeten knapperig en goudbruin zijn aan de randen en hun smaak moet worden versterkt door de geur van oregano.

1 kleine bloemkool

1/4 kop olijfolie

3 middelgrote universele aardappelen, zoals Yukon Gold, in vieren gesneden

1/2 theelepel gedroogde oregano, verkruimeld

Zout en versgemalen zwarte peper

1. Snijd de bloemkool in roosjes van 2 inch. Snijd de uiteinden van de stengels af. Snijd dikke stengels kruislings in plakjes van 1/4 inch.

2. Plaats een rooster in het midden van de oven. Verwarm de oven voor op 400 ° F. Giet olie in een ovenschaal van 13 x 9 x 2 inch.

Voeg de groenten toe en meng goed. Bestrooi met oregano en zout en peper naar smaak. Meng opnieuw.

3. Kook gedurende 45 minuten of tot de groenten gaar en goudbruin zijn. Heet opdienen.

Aardappelen en kool in een pan

Gebakken Aardappelen En Kool

Voor 4 tot 6 porties

Er zijn versies van dit gerecht in heel Italië. In het Friulisch wordt het gerookte spek bij de ui in de pan gedaan. Ik hou van deze eenvoudige versie van Basilicata. Het lichtroze van de ui complementeert de romige witte aardappelen en groene kool. De aardappelen worden zo zacht dat ze, als ze gaar zijn, op aardappelpuree lijken.

3 eetlepels olijfolie

1 middelgrote rode ui, gehakt

1/2 kop middelgrote kool, in dunne plakjes gesneden (ongeveer 4 kopjes)

3 middelgrote universele aardappelen, zoals Yukon Gold, geschild en in stukjes gesneden

1/2 kopje water

Zout en versgemalen zwarte peper

1. Giet de olie in een grote pan. Voeg de ui toe en kook op middelhoog vuur, vaak roerend, tot ze zacht is, ongeveer 5 minuten.

2. Voeg de kool, aardappelen, water, zout en peper naar smaak toe. Dek af en kook, af en toe roerend, 30 minuten of tot de groenten zacht zijn. Voeg eventueel nog wat water toe als de groenten gaan plakken. Heet opdienen.

Aardappel- en Spinazietaart

Aardappel- en Spinaziecake

Maakt 8 porties

Toen ik deze groentecake in Rome at, was hij gemaakt met witlof in plaats van spinazie. Romeins witlof lijkt op een jonge paardenbloem of een volwassen rucola. Spinazie is een goede vervanger voor witlof. Voor de beste smaak moet je dit gerecht een beetje laten afkoelen voordat je het serveert.

2 pond universele aardappelen, zoals Yukon Gold

zout

4 eetlepels ongezouten boter

1 kleine ui, zeer fijn gesneden

1½ pond spinazie, radicchio, paardenbloemgroen of snijbiet, bijgesneden

1/2 kopje water

1/2 kopje warme melk

1 kop vers geraspte Parmigiano-Reggiano

Vers gemalen zwarte peper

1 eetlepel paneermeel

1. Boen de aardappelen met een borstel onder koud stromend water. Schil de aardappelen en doe ze in een middelgrote pan met koud water tot ze onder water staan. Voeg het zout toe en dek de pan af. Breng aan de kook en kook ongeveer 20 minuten, of tot de aardappelen gaar zijn.

2. Smelt 2 eetlepels boter in een kleine koekenpan op middelhoog vuur. Voeg de ui toe en kook, vaak roerend, tot de ui zacht en goudbruin is.

3. Doe de spinazie in een grote pan met een half kopje water en zout naar smaak. Dek af en kook tot ze gaar zijn, ongeveer 5 minuten. Laat ze goed uitlekken en verwijder overtollig vocht. Snij de spinazie op een bord.

4. Voeg de spinazie toe aan de pan en meng samen met de ui.

5. Als de aardappelen gaar zijn, giet je ze af en pureer je ze tot een glad mengsel ontstaat. Voeg de resterende 2 eetlepels boter en melk toe. Voeg 3/4 kopje kaas toe en meng goed. Breng op smaak met zout en peper.

6. Plaats een rooster in het midden van de oven. Verwarm de oven voor op 375 ° F.

7. Beboter royaal een 9-inch bakvorm. Verdeel de helft van de aardappelen over het bord. Maak een tweede laag met alle spinazie. Bedek met de resterende aardappelen. Bestrooi met de resterende ½ kopje kaas en paneermeel.

8. Bak gedurende 45-50 minuten of tot de bovenkant goudbruin is. Laat 15 minuten rusten alvorens te serveren.

Napolitaanse aardappelkroketten

Panzerotti of Crocche

ongeveer 24 geleden

In Napels zetten pizzeria's kraampjes op de stoep op om deze smakelijke stukjes aardappelpuree bedekt met knapperig paneermeel te verkopen, waardoor voorbijgangers ze gemakkelijk kunnen eten als lunch of als tussendoortje. Dit is echter het recept van mijn grootmoeder. We aten het hele jaar door hash browns tijdens feestdagen en feestelijke gelegenheden, meestal als bijgerecht bij rosbief.

2½ pond aardappelen voor alle doeleinden, zoals Yukon Gold

3 grote eieren

1 kop vers geraspte Pecorino Romano of Parmigiano-Reggiano

2 eetlepels gehakte verse peterselie

¼ kopje fijngehakte salami (ongeveer 2 ons)

Zout en versgemalen zwarte peper

2 kopjes droog broodkruimels

Plantaardige olie om te frituren

1. Boen de aardappelen met een borstel onder koud stromend water. Doe de aardappelen in een grote pan met koud water tot ze onder water staan. Dek de pan af en laat het water koken. Kook op middelhoog vuur tot de aardappelen gaar zijn als je er met een vork in prikt, ongeveer 20 minuten. Giet de aardappelen af en laat ze iets afkoelen. Schil de aardappelen. Doe het in een grote kom en pureer het met een aardappelstamper of een vork tot je een glad mengsel verkrijgt.

2. Scheid de eieren, doe de dooiers in een kleine kom en bewaar het eiwit op een plat bord. Verdeel het paneermeel op een vel bakpapier.

3. Voeg de eidooiers, kaas, peterselie en salami toe aan de aardappelpuree. Voeg zout en peper naar smaak toe.

4. Vorm met ongeveer een kwart kopje van het aardappelmengsel een worst van ongeveer 2,5 cm breed en 6,5 cm lang. Herhaal de handeling met de resterende aardappelen.

5. Klop de eiwitten met een garde of vork schuimig. Dompel de aardappelblokken in het eiwit en rol ze vervolgens door de kruimels, zodat ze volledig bedekt zijn. Plaats de houtblokken op een rek en laat ze 15 tot 30 minuten drogen.

6. Giet ongeveer ½ inch olie in een grote, zware koekenpan. Verhit op middelhoog vuur tot een deel van het eiwit sist als het in de olie wordt gegoten. Leg voorzichtig een paar houtblokken in de pan en laat er wat ruimte tussen. Bak ze, af en toe draaiend met een tang, tot ze gelijkmatig bruin zijn, ongeveer 10 minuten. Leg de gouden kroketten op absorberend papier om uit te lekken.

7. Serveer direct of houd de kroketten warm in een lage oven terwijl je de rest bakt.

Papa's Napolitaanse aardappelcake

Kat'

Voor 6 tot 8 porties

Cat' komt van het Franse taartje dat 'cake' betekent. De afleiding doet mij vermoeden dat dit recept populair werd gemaakt door de in Frankrijk opgeleide monzu, chef-koks die kookten voor de aristocraten aan het hof van Napels.

Bij ons thuis noemden we het aardappeltaart, en als we op zondag geen aardappelkroketten aten, aten we dit aardappelgerecht, de specialiteit van mijn vader.

2½ pond aardappelen voor alle doeleinden, zoals Yukon Gold

zout

¼ kopje droog broodkruimels

4 eetlepels (½ stokje) ongezouten boter, zacht

1 kopje warme melk

1 kopje plus 2 eetlepels vers geraspte Parmigiano-Reggiano

1 groot ei, losgeklopt

¼ theelepel vers geraspte nootmuskaat

Zout en versgemalen zwarte peper

8 ons verse mozzarella, versnipperd

4 ons geïmporteerde Italiaanse salami of ham, gehakt

1. Boen de aardappelen met een borstel onder koud stromend water. Doe de aardappelen in een grote pan met koud water tot ze onder water staan. Voeg zout naar smaak toe. Dek de pan af en laat het water koken. Kook op middelhoog vuur tot de aardappelen gaar zijn als je er met een vork in prikt, ongeveer 20 minuten. Giet af en laat iets afkoelen.

2. Plaats een rooster in het midden van de oven. Verwarm de oven voor op 400 ° F. Beboter een ovenschaal van 2 kwart gallon. Bestrooi met paneermeel.

3. Schil de aardappelen, doe ze in een grote kom en pureer ze met een aardappelstamper of een vork tot een gladde massa. Voeg 3 eetlepels boter, melk, 1 kopje Parmezaanse kaas, ei, nootmuskaat, zout en peper naar smaak toe. Voeg de mozzarella en salami toe.

4. Verdeel het mengsel gelijkmatig over de voorbereide bakplaat. Bestrooi met de overgebleven Parmezaanse kaas. Stip met de resterende 1 eetlepel boter.

5. Bak 35 tot 45 minuten of tot de bovenkant goudbruin is. Laat even rusten op kamertemperatuur alvorens te serveren.

Geroerbakte tomaten

Gebakken Tomaten

Voor 6 tot 8 porties

Serveer ze als bijgerecht bij gegrild of geroosterd vlees, of op kamertemperatuur, geplet op croutons als aperitief.

8 kerstomaatjes

¹1/4 kop olijfolie

2 teentjes knoflook fijngehakt

2 eetlepels gehakte verse basilicum

Zout en versgemalen zwarte peper

1. Spoel de tomaten af en droog ze. Snijd met een schilmesje het steeluiteinde van elke tomaat af en verwijder deze. Snijd de kerstomaatjes in de lengte doormidden.

2. Verhit de olie met de knoflook en basilicum in een grote koekenpan op middelhoog vuur. Voeg de tomatenhelften met de snijzijde naar beneden toe. Bestrooi met zout en peper. Kook tot

de tomaten goudbruin en zacht zijn, ongeveer 10 minuten. Serveer warm of op kamertemperatuur.

gestoomde kerstomaatjes

Gestoomde tomaten

Maakt 4 porties

Hier worden de zoete kerstomaatjes gekookt in hun eigen sap. Serveer ze als bijgerecht bij vlees of vis, of leg ze op een omelet. Als de tomaten niet zoet genoeg zijn, voeg dan tijdens het koken een snufje suiker toe.

1 liter kerstomaatjes of kerstomaatjes

2 eetlepels extra vergine olijfolie

zout

6 basilicumblaadjes, op elkaar gestapeld en in smalle reepjes gesneden

1. Spoel de tomaten af en droog ze. Snijd ze langs het stengeluiteinde doormidden. Meng de tomaten, olie en zout in een kleine pan. Dek de pan af en plaats hem op laag vuur. Kook gedurende 10 minuten of tot de tomaten zacht worden maar hun vorm behouden.

2. Voeg de basilicum toe. Serveer warm of op kamertemperatuur.

geroosterde tomaten

Geroosterde tomaten

Maakt 8 porties

Een laagje broodkruimels brengt deze tomaten op smaak. Ze zijn lekker bij gegrilde vis en de meeste eiergerechten.

8 kerstomaatjes

1 kopje broodkruimels

4 ansjovisfilets fijngesneden

2 eetlepels kappertjes, afgespoeld en uitgelekt

1/2 kop vers geraspte Pecorino Romano

1/2 theelepel gedroogde oregano

3 eetlepels olijfolie

Zout en versgemalen zwarte peper

1. Spoel en droog de kerstomaatjes. Snijd de kerstomaatjes in de lengte doormidden. Schep de zaden met een theelepel in een fijnmazige zeef die boven een kom is geplaatst om de sappen op

te vangen. Rooster het broodkruim in een grote koekenpan op middelhoog vuur, vaak roerend, tot het geurig en niet bruin is, ongeveer 5 minuten. Haal van het vuur en laat iets afkoelen.

2. Plaats een rooster in het midden van de oven. Verwarm de oven voor op 400 ° F. Vet een grote bakplaat in. Leg de tomatenschillen met de snijkant naar boven in de pan.

3. Voeg in de kom met het tomatensap het paneermeel, de ansjovis, de kappertjes, de kaas, de oregano, het zout en de peper toe. Voeg 2 eetlepels olijfolie toe. Vul het mengsel met tomatenschillen. Besprenkel met de resterende eetlepel olie.

4. Bak gedurende 40 minuten of tot de tomaten gaar zijn en de kruimels goudbruin zijn. Heet opdienen.

Tomaten Gevuld Met Spelt

Gevulde tomaten

Maakt 4 porties

Spelt, een oud graan dat veel voorkomt in Italië, is een uitstekende vulling voor tomaten als het wordt gemengd met kaas en ui. Zoiets dronk ik bij L'Angolo Divino, een wijnbar in Rome.

1 kopje semi-parelspelt (of tarwebes of bulgurvervanger)

zout

4 grote ronde tomaten

1 kleine ui fijngesneden

2 eetlepels olijfolie

¼ kopje geraspte Pecorino Romano of Parmigiano-Reggiano

Vers gemalen zwarte peper

1. Breng in een middelgrote pan 4 kopjes water aan de kook. Voeg de spelt en zout naar smaak toe. Kook tot de farro zacht maar nog steeds taai is, ongeveer 30 minuten. Giet de spelt af en doe deze in een kom.

2. Kook de ui in een kleine pan in de olie op middelhoog vuur tot ze bruin is, ongeveer 10 minuten.

3. Plaats een rooster in het midden van de oven. Verwarm de oven voor op 180 ° C. Vet een bakplaat in die groot genoeg is voor de tomaten.

4. Spoel en droog de kerstomaatjes. Snijd van elke tomaat een plakje van een halve centimeter dik en zet opzij. Haal de tomaten met een theelepel leeg en doe het vruchtvlees in een fijnmazige zeef die boven een kom wordt geplaatst. Schik de tomatenschillen in de pan.

5. Voeg aan de kom met de spelt het gezeefde tomatenvocht, de gebakken ui, kaas, zout en peper naar smaak toe. Giet het mengsel in de tomatenschillen. Bedek de tomaten met de gereserveerde toppen.

6. Bak gedurende 20 minuten of tot de tomaten gaar zijn. Serveer warm of op kamertemperatuur.

Gevulde Tomaten Romeinse Stijl

Gevulde Tomaten Romeinse Stijl

Maakt 6 porties

Het is een klassiek Romeins gerecht, dat meestal als voorgerecht op kamertemperatuur wordt gegeten.

3 1/4 kopje middelkorrelige rijst, zoals Arborio, Carnaroli of Vialone Nano

zout

6 grote ronde tomaten

4 eetlepels olijfolie

3 ansjovisfilets fijngesneden

1 klein teentje knoflook, fijngehakt

1 1/4 kop gehakte verse basilicum

1/4 kopje vers geraspte Parmigiano-Reggiano

1. Breng 1 liter water aan de kook op hoog vuur. Voeg rijst en 1 theelepel zout toe. Zet het vuur laag en laat 10 minuten sudderen, of tot de rijst gedeeltelijk gaar is, maar nog steeds erg stevig. Goed laten uitlekken. Doe de rijst in een grote kom.

2. Plaats een rooster in het midden van de oven. Verwarm de oven voor op 180 ° C. Vet een bakplaat in die groot genoeg is voor de tomaten.

3. Snijd een plakje van een halve centimeter van de bovenkant van de tomaten en zet opzij. Haal de tomaten met een theelepel leeg en doe het vruchtvlees in een fijnmazige zeef die boven een kom wordt geplaatst. Doe de tomatenschillen in de pan.

4. Voeg in de kom met de rijst het gepureerde tomatenvocht en de olie, de ansjovis, de knoflook, de basilicum, de kaas en zout naar smaak toe. Goed mengen. Giet het mengsel in de tomatenschillen. Bedek de tomaten met de gereserveerde toppen.

5. Kook gedurende 20 minuten of tot de rijst gaar is. Serveer warm of op kamertemperatuur.

Geroosterde Tomaten Met Balsamico Azijn

Balsamico Tomaten

Maakt 6 porties

Balsamicoazijn heeft een bijna magische manier om de smaak van groenten te versterken. Probeer dit eenvoudige gerecht en serveer het als aperitiefhapje of bij vlees.

8 kerstomaatjes

2 eetlepels olijfolie

1 eetlepel balsamicoazijn

Zout en versgemalen zwarte peper

1. Plaats een rooster in het midden van de oven. Verwarm de oven voor op 350 ° F. Vet een bakvorm in die groot genoeg is om de tomaten in een enkele laag te houden.

2. Spoel de tomaten af en droog ze. Snijd de kerstomaatjes in de lengte doormidden. Verwijder de tomatenzaden. Leg de tomatenhelften met de snijkant naar boven in de pan. Breng op smaak met olie en azijn en bestrooi met zout en peper.

3.Kook de tomaten gedurende 45 minuten of tot ze gaar zijn. Serveer op kamertemperatuur.

Carpaccio van courgette

Carpaccio in geel en groen

Maakt 4 porties

Ik at eerst een eenvoudigere versie van deze verfrissende salade bij een paar wijnmakersvrienden in Toscane. Door de jaren heen heb ik het verfraaid door een combinatie van gele en groene courgettes te gebruiken en verse munt toe te voegen.

2 of 3 kleine courgettes, bij voorkeur een mix van geel en groen

3 eetlepels vers citroensap

1/3 glas extra vergine olijfolie

Zout en versgemalen zwarte peper

2 eetlepels fijngehakte verse munt

Ongeveer 2 ons Parmigiano-Reggiano, in 1 stuk

1. Boen de courgettes met een borstel onder koud stromend water. Knip de uiteinden af.

2. Snijd de courgettes met een keukenmachine of mandoline in zeer dunne plakjes. Doe de plakjes in een middelgrote kom.

3. Klop in een kleine kom het citroensap, de olijfolie, het zout en de peper naar smaak tot een gladde massa. Voeg de munt toe. Sprenkel de courgettes erover en meng goed. Verdeel de plakjes over een ondiep bord.

4. Snijd de Parmezaanse kaas met een aardappelschiller in dunne plakjes. Verdeel de plakjes over de courgettes. Serveer onmiddellijk.

www.ingramcontent.com/pod-product-compliance
Lightning Source LLC
Chambersburg PA
CBHW071853110526
44591CB00011B/1400